DE LA
COMPÉTENCE

EN MATIÈRE

D'OPPOSITION A L'EXÉCUTION FORCÉE

DES JUGEMENTS ET DES ACTES,

PAR

A. Ancelot,

Docteur en Droit, Substitut du Procureur-Général près la Cour d'appel de Riom, Membre de l'Académie des sciences, belles-lettres et arts de Clermont-Fd.

Riom,

IMPRIMERIE DE E. LEBOYER, LIBR.

Rue du Commerce.

1851.

DE LA
COMPÉTENCE

EN MATIÈRE

D'OPPOSITION A L'EXÉCUTION FORCÉE

DES JUGEMENTS ET DES ACTES,

PAR

A. Ancelot,

Docteur en Droit, Substitut du Procureur-Général près la Cour d'appel de Riom.

RIOM,

IMPRIMERIE DE E. LEBOYER, LIBRAIRE.

—

1851.

DE LA

COMPÉTENCE

EN MATIÈRE

D'OPPOSITION A L'EXÉCUTION FORCÉE

DES

JUGEMENTS ET DES ACTES.

> Les formes de la procédure sont comme
> les cerceaux du muids, ou comme le ciment
> qui colle et retient les pièces de l'édifice.
> *(Dialog. des Avocats*, de Loysel.)

S'il est permis de s'étonner et de regretter que notre belle codification ait laissé place à tant d'incertitudes et de conflits d'opinions, cet étonnement et ce regret sont surtout naturels quand il s'agit de cette branche du droit civil qui règle ce qu'on pourrait appeler la stratégie judiciaire, c'est-à-dire la direction des procédures. N'est-ce pas là, en effet, que tout devrait être essentiellement net, précis et certain ? Combien n'est pas à plaindre le plaideur qui, pressé de prendre un parti décisif, hésite entre des voies divergentes, et n'aboutit quelquefois qu'à briser sa résistance contre l'écueil d'une exception de forme ? On est tenté alors d'infliger à la procédure actuelle cette définition trop vraie que François Ier faisait entendre à propos du *style* de son époque, dans le lit de justice de 1518 : « *Dédale obscur et tortueux, dont l'entrée semblait interdite au plus grand nombre, et dans lequel les hommes les plus éclairés s'égaraient.* » Ces réflexions nous sont venues à l'esprit au sujet d'un ordre de questions éminemment pratiques, et que le mouvement des affaires peut soulever tous les jours. Nous voulons parler des oppositions judiciaires qui ont pour objet de prévenir ou d'arrêter l'exécution forcée des jugements et des actes. Attachons-nous tout d'abord à poser nettement les données du problème. — Un commandement précurseur d'une saisie quelconque vient d'être signifié en vertu d'un jugement ou d'un acte authentique, — ou même cette saisie a déjà frappé les biens soit de l'obligé, soit du condamné ; celui-ci entend conjurer la poursuite en faisant des offres, ou la faire tomber en établissant, par exemple, — qu'elle est nulle en la forme, — qu'il y a eu payement, novation, confusion, remise, prescription ; — que la condamnation n'est pas liquide, qu'elle a été ultérieurement réformée, que la condition qui la suspendait n'est pas accomplie, etc., etc. — Quelle sera la juridiction compétente pour apprécier les moyens d'opposition ? Sera-ce le tribunal dans le territoire duquel a eu lieu l'élection de domicile exigée pour la validité des poursuites ? Sera-ce celui du domicile de la partie poursuivante ? ou celui du domicile de la partie poursuivie ? ou celui qui a rendu le jugement en vertu duquel on procède ? ou encore celui qu'indique une élection conventionnelle de domicile ? Il y a plus : dans quel lieu devront être faites les offres ? Sera-ce au domicile élu dans le commandement ? au domicile réel du créancier ? ou au domicile conventionnel ? ou au lieu fixé pour le payement (V. article 1258, n° 6, C. civ.) ? Enfin, devant quelle juridiction faudra-t-il porter l'action en validité de ces offres ? — Que l'on soumette *ex abrupto* tous ces points de vue si mobiles, toutes ces questions si complexes au jurisconsulte le plus profond, au praticien le plus exercé, et nous doutons fort que l'un et l'autre n'éprouvent aucun embarras sérieux à répondre. Où puiser des solutions précises ? Dans la doctrine ? Elle varie avec les auteurs et vacille trop souvent sous la plume de chacun d'eux. Dans la jurisprudence ? Elle ne présente qu'un assez petit nombre de monuments épars qui laissent les principes dans l'ombre, ou bien en proclament d'absolument contradictoires. Et la loi, dira-t-on ? n'est-ce pas elle surtout qu'il faut interroger ? Oui, sans doute. Mais lui arracher son secret est difficile ; car elle a été sur ce point d'un laconisme extrême. Deux règles générales seulement se rencontrent au titre *de l'Exécution forcée des jugements et actes*, dans les art. 553 et 554 du Code de procédure ; et c'est à peine si l'on peut trouver quelques nouvelles lumières dans d'autres articles laborieusement scrutés et combinés. C'est donc ici que l'œuvre de l'interprète est délicate, puisqu'il lui faut tout à la fois s'inspirer des précédents historiques, des principes généraux du droit, des dispositions écrites et des considérations pratiques. Qu'on nous pardonne de l'essayer. Notre travail aura du moins l'effet utile de provoquer les réflexions des hommes versés dans la science du Droit.

La plus réelle difficulté de ce travail consiste peut-être dans la distribution méthodique des éléments variés que l'esprit doit embrasser. Nous nous attacherons donc à marcher du simple au composé, du général au particulier, des prémisses au conséquences. En procédant ainsi, nous avons tout d'abord à dégager la distinction fondamentale que les art. 553 et 554 déguisent autant qu'ils l'expriment, sous l'analogie trompeuse de leurs formules. — Or, la nature même des choses éclairée par la pratique, qui est le Droit mis en action, indiquait à la doctrine deux sortes d'exécution bien distinctes en ce qui regarde les jugements : l'une, appartenant au *ministère du juge,* et appelée *exécution par suite d'instance ;* l'autre, relevant du *ministère de la partie,* et dite *exécution par contrainte* (V. M. Rauter, Cours de proc. civile française, notamment n°ˢ 149 et 150; M. Chauveau sur Carré, sur les art. 472 et 554). La première est susceptible d'une division tripartite qui correspond à ses trois fins essentielles. Elle tend, en effet, soit à *amener* le jugement définitif, soit à le *compléter ou le parfaire,* soit enfin à *l'expliquer ou l'interpréter.* Suivons ces divers points de vue.

1° Un jugement préparatoire ou interlocutoire a-t-il été rendu par un tribunal quelconque ? C'est à lui qu'en appartient l'exécution sans aucun doute, malgré le caractère exceptionnel de sa juridiction. Il est clair, en effet, que tout moyen d'instruction se

rattache comme un accessoire inséparable au fond
du litige. Décider autrement, c'eût été n'accorder
qu'un vain simulacre de puissance aux tribunaux in-
vestis d'attributions spéciales. Il est, par exemple,
admis sans conteste que l'art. 553 ne met aucun obstacle à la décision, par les magistrats consulaires, de
tous les débats relatifs à la régularité des opérations
d'expertises, comptes, vérifications, etc., qu'ils ont
ordonnés *avant faire droit* (V. nouveau Répertoire
Dalloz, v° Compétence commerciale, art. 13, n° 380).

2° Il est des jugements qui, tout *définitifs* qu'ils
soient, appellent un complément ultérieur : par exemple, une prestation de serment, une liquidation de
dommages-intérêts à donner par état (V. article 523
à 525); une réception de caution (art. 517 à 521);
une reddition de compte (530 à 542), etc. Quels juges devront connaître des difficultés soulevées par ces
divers actes judiciaires ? C'est à cette question que
l'art. 472 a répondu très-judicieusement dans sa première énonciation. Il est d'autant plus regrettable
que la seconde soit venue obscurcir la pensée législative. Peu d'interprètes l'ont exactement saisie ou
mise en relief avec clarté. Trompés par le sens vul-
gaire du mot *exécution*, et par les deux exemples
cités dans le dernier membre de phrase, ils ont paru
croire que la disposition de l'article se référait aux
poursuites d'exécution forcée des jugements. M.Chau-
veau (sur Carré) a péremptoirement dissipé la confusion en démontrant, par le véritable esprit de la
loi, et l'impraticabilité du système contraire, que
l'art. 472 avait pour unique objet l'*exécution* du *mi-*

nistère du juge, qui tend à parfaire ou compléter la sentence, et nullement les voies de *contrainte* employées par la partie poursuivante. Il a, de plus, établi. avec l'histoire de la rédaction, que l'énonciation restrictive , *sauf les cas de la demande en nullité,* etc., s'était glissée dans le texte sans qu'on en eût bien mesuré la portée, et que pour en tirer un sens convenable, il fallait l'appliquer seulement à des procédures *spéciales* qui n'ont point le caractère d'une voie d'exécution forcée (eg. les ordres, partages, faillites, etc.), et dont le siége ne peut être déplacé contre la volonté de la loi.

3° La troisième branche de notre division comprend l'*interprétation* des jugements. Le bon sens a proclamé de tout temps qu'elle appartient aux juges qui ont statué sur le litige, comme celle de la loi au législateur : *Ejus est interpretari cujus condere.* Mais par interprétation il ne faut pas entendre seulement le nouveau *dictamen* que les parties embarrassées et divisées viennent demander au magistrat ; cet office du juge comprend rationnellement et légalement, dans sa puissance virtuelle, tout ce qui tend à sauvegarder l'autorité *de la chose jugée.* C'est là une dépendance intime du pouvoir juridictionnel. Rendons cette vérité sensible en groupant quelques exemples:
— Une partie condamnée oppose à l'exécution *forcée* du jugement qu'elle a déjà satisfait à la condamnation; ou que le *quantum* n'en est pas liquide, ou que la condition qui la suspendait n'est pas accomplie, etc. Ce sont là des moyens *de fond* qui impliquent évidemment l'effet de la décision rendue, et dont la

connaissance sera déférée non point au tribunal du lieu où une saisie a été pratiquée, mais bien au *tribunal d'exécution*, c'est-à-dire à celui qui a condamné (V. Pigeau, Proc. civ., II, page 109). L'art. 794 met très-vivement en lumière cette face de notre sujet : on y voit sensiblement contraster les *moyens de forme*, qui s'attaquent à l'irrégularité du mode de procéder, et les *moyens de fond*, qui visent à établir l'illégitimité intrinsèque de l'emprisonnement du condamné. Les premiers sont déférés au *tribunal du lieu* de la détention ; les seconds, *au tribunal de l'exécution du jugement*, c'est-à-dire à celui qui l'a *rendu*, et qui a le droit comme le devoir d'en assurer l'efficacité (Rapprochez l'art. 780 *in fine*). Ces moyens de fond pourront consister à soutenir que la créance sanctionnée par le jugement a été éteinte avant l'incarcération, par payement, novation, etc. ; qu'il y a eu remise volontaire de la contrainte par corps ; que le bénéfice de cession de biens a été obtenu, etc. Ce sont là toutes questions qui rentrent dans le ministère étendu d'interprétation ou de *manutention* des jugements dont nous recherchons les limites (V. M. Chauveau sur Carré). Il en devrait être de même du cas où il s'agirait d'apprécier si des offres faites en vue d'obtempérer à une condamnation pécuniaire sont ou non satisfactoires. Car évidemment, trancher un différend sur ce point, c'est déterminer d'abord, comme base de décision, la véritable portée du jugement (V. en ce sens un arrêt de la Cour de Nîmes du 31 janvier 1828, cité par M. Chauveau, n° 1698 *bis* ; — un autre de la Cour de Paris, du 15 juin 1814 (D., A X, p. 580); — et un troisième de la chambre des requêtes de la Cour suprême, du 22 février 1841 (D., 41, 1, 129).

Il importe de faire remarquer ici que les deux derniers attributs du ministère du juge qui viennent d'être signalés, appartiennent tout aussi-bien que le premier (*V. suprà*) même aux tribunaux d'exception. C'est ce que l'on trouve très-lumineusement établi dans le nouveau Répertoire de M. Dalloz (*loc. cit.*) : « Il ne faut pas confondre, y lisons-nous, les déci- » sions qui ne font que *compléter* un jugement avec » celles qui interviennent sur son exécution propre- » ment dite. L'art. 442 n'a en vue que l'exécution » qui doit avoir lieu après que le tribunal a défini- » tivement statué sur le litige. » Le savant jurisconsulte enseigne donc que les tribunaux de commerce doivent connaître de la réception de la caution offerte pour obtenir l'exécution provisoire de leurs jugements, ainsi que de la fixation des dommages-intérêts à mettre par état. D'une autre part, il est non moins certain qu'on peut leur demander même *par action directe, l'interprétation des dispositions obscures ou équivoques de leurs sentences.* Citons à ce propos quelques mots de Loyseau (Des Offices, l. I, chap. 6, n° 51), empreints de ce bon sens exquis de nos vieux auteurs. Après avoir énoncé l'interdiction reproduite dans les art. 442 et 553 de notre Code de procédure, il ajoute : « Sauf seulement s'il était ques- » tion de l'interprétation de leur sentence, parce » qu'alors c'est *la même notion*, et que c'est tou- » jours à celui-là d'interpréter qui a *parlé obscuré-*

» *ment.* » Il résulte clairement des motifs invoqués à l'appui des articles précités, lors des travaux préparatoires, que l'on a voulu seulement enlever du domaine de la juridiction consulaire les difficultés épineuses de procédure qui exigent une initiation spéciale (V. notamment l'avis de la Cour de Paris sur le projet du Code). On peut donc s'étonner à bon droit que certains esprits (M.' Orillard entre autres) aient méconnu cette vérité, consacrée d'ailleurs par plusieurs arrêts indiqués au Répertoire (*loc. cit.*). Il y a plus : on a sagement décidé que les juges consuls étaient compétents pour statuer sur une exception de libération, sur la responsabilité de l'inobservation d'une condition imposée par la sentence; sur la péremption d'un jugement par défaut, quand il n'y a pas à apprécier le mérite d'un acte d'exécution (V. sur ce dernier point Req., 27 novembre 1848). Ce sont là, en effet, des dépendances directes de la juridiction exceptionnelle tout aussi-bien que de la juridiction normale. Nous retrouvons donc symétriquement dans la première toutes les modalités d'exercice que nous avait présentées la seconde.

Nous ne saurions dissimuler pourtant que la règle d'attribution fondée sur le principe de *l'affinité des matières,* n'a pas toujours été suivie par les commentateurs du Code de procédure, notamment en ce qui regarde la plus rigoureuse des voies d'exécution, la contrainte par corps. Qu'il nous soit permis d'exprimer sans détour un dissentiment téméraire peut-être, mais respectueux et modeste dans notre pensée. Nous nous sommes demandé, avec une sorte d'anxiété d'esprit, s'il était bien exact, soit en théorie législative, soit en droit positif, que la connaissance des *moyens de fond* dirigés contre un emprisonnement commercial, fût dévolue au tribunal civil dans l'arrondissement duquel a lieu la détention, de manière à laisser sans compétence aucune la juridiction spéciale qui a prononcé la contrainte. N'est-ce pas exagérer outre mesure une salutaire interdiction, et faire violence à l'esprit comme au texte des articles 553, 554 et 794? On comprend sans peine que tout ce qui est *matériel* de procédure tombe sous l'autorité exclusive des tribunaux ordinaires, cemposés de légistes et desservis par un corps de praticiens. C'est là ce qu'a entendu le législateur quand il a édicté les art. 442 et 553 (*V. suprà*). C'est aussi dans ce sens que l'on applique aux matières administratives le grand principe de la séparation des pouvoirs, en décidant que les tribunaux civils sont seuls compétents pour prononcer la nullité des actes de poursuite entâchés d'une illégalité, d'un vice de forme ou de toute autreirrégular ité relative *au droit commun* (V. Principes de comp. et de jurid. adm., de M. Chauveau, t. III, p. 553, n° 735-2°). Mais ce qui est plausible quant aux *questions de forme*, le serait-il également quant aux *questions de fond?* Il est presque inutile de dire que la négative ne fait aucun doute en ce qui regarde la justice administrative (V. *ibid.* et n° 732. V. aussi un arrêt notable de la Cour de cassation du 15 octobre 1807 (S. 7, p. 272). La même solution ne ressort-elle pas avec évidence, au point de vue qui nous occupe, des art. 554 et 794, dont nous avons déjà fait apparaître le vrai sens ? L'un et l'autre réservent formellement la prérogative du *tribunal d'exécution* du jugement, c'est-à-dire de celui qui l'a rendu. Si l'on accorde un effet *général* à cette réserve dans l'art. 554, comment le lui refuser, en *particulier*, dans l'art. 794 ? Et si le refus est impossible, comment déshériter les tribunaux de commerce de l'attribution qui leur revient? Il faudra donc aller jusqu'à dire qu'ils ne sauraient jamais être *tribunaux d'exécution*, en d'autres termes, que leur décision une fois prononcée, il n'y a plus d'immixtion possible du *fond* dans tous les incidents qu'elle engendrera plus tard ? Mais la nature des choses ne change pas ainsi au gré des classifications factices. Déjà nous avons vu plus haut la doctrine et la jurisprudence faire la part de cette nécessité logique, en investissant les juges-consuls d'une sorte de *droit de suite* sur les jugements émanés d'eux. Elles ont été bien plus loin encore (non pas unanimement, il est vrai), en admettant que ces juges peuvent étendre leur juridiction sur les saisies-arrêts autorisées par l'un d'eux ; en donner main-levée accessoirement à une demande principale dont ils sont légalement saisis, etc. (V. nouveau Répert.) et cela en vertu du principe de l'attraction qu'on a formulé dans ce brocard : *le compétent attire l'incompétent*. Mais entrons plus avant dans la question. — Que deviendra l'économie de la loi, si l'on arrache ainsi le *fond* des nullités d'emprisonnement aux tribunaux de commerce ? Force sera bien de le laisser aux tribunaux civils quand ils auront décerné la contrainte par corps, sous peine d'annihiler entièrement

l'art. 794. Il se produira donc cette étrange anomalie, que dans le cas d'incarcération *commerciale*,
tous les *moyens de fond* iront au tribunal civil du lieu
d'emprisonnement, et que, dans celui d'incarcération
civile, ils iront au tribunal d'exécution du jugement,
dont le siége sera peut-être à l'autre bout de la Fran-
ce? Mais si ce renvoi du fond est commandé par le
bien de la justice au second cas, comment ne le serait-il pas dans le premier? Et s'il ne l'est pas dans
le premier, comment pourrait-il l'être dans le second? N'y a-t-il pas des deux côtés la même adhérence intime de l'accessoire au principal, et la même
convenance d'une attribution prolongée? Qui pourra, comme les juges-consuls, apprécier la suffisance
de l'exécution volontaire du jugement commercial,
la réalité d'une novation, d'un concordat amiable?
Tous ces faits ou ces actes ne demandent-ils pas, pour
être exactement envisagés et scrutés, la connaissance
parfaite de l'objet et de l'esprit de la condamnation
à laquelle ils répondent? Il faut donc, pour être conséquent, ou déférer sans distinction des matières
commerciales et autres, tous les débats relatifs à une
nullité d'emprisonnement, au tribunal civil du lieu
de la détention, ou restituer à l'art. 794 la plénitude
de sa portée. Ajoutons que la pensée de la loi se révèle encore manifestement dans l'art. 780 qui exige,
en termes généraux, une élection de domicile *dans
la commune où siége le tribunal qui a rendu le jugement*. Qu'est-ce à dire? Evidemment, qu'il y aura
telles occurrences où il faudra recourir à ce tribunal.
Les articles 554 et 794 déterminent précisément ces

occurrences. Le système de la loi est donc empreint
d'une harmonie parfaite. Aussi, la plupart des commentateurs ont-ils imaginé de soutenir que, dans le
cas où il s'agit d'un jugement consulaire, l'élection
de domicile prescrite pour le commandement par
l'art. 780, doit disparaître comme étant sans objet,
et faire place à celle qu'indique l'art. 783. (V. contre, M. Chauveau et deux arrêts de Nismes et de
Montpellier qu'il invoque.) Quoi de plus général
pourtant que l'art. 780 ? L'art. 32 de la loi de 1832
sur la contrainte par corps n'atteste-t-il pas que le
titre du Code de procédure où les formes de l'emprisonnement sont réglées, s'applique à l'exercice
de toutes contraintes par corps, et qu'il en est ainsi
nominativement de l'art. 780 ? Mais comment s'étonner de ces interprétations arbitraires, quand on voit
un estimable professeur, M. Thomine-Desmazures,
enseigner sous l'art. 442 (n° 485) que, si un tribunal
de commerce avait illégalement soumis à la cou-
trainte une personne qui en est affranchie par sa
qualité ou son sexe, il appartiendrait au tribunal civil, investi de l'exécution, d'ordonner l'élargissement
au mépris de la chose jugée ? (V. contre, les observations pleines de sagesse de M. Chauveau.) Cette
aberration est d'autant plus surprenante que M.
Thomine a très-judicieusement précisé, comme il
suit, le rôle attribué aux juges civils par les art. 442
et 553 (n° 486): « Le tribunal civil examine si le ju-
» gement est en forme exécutoire, si la somme de-
» mandée est liquide et certaine, si les règles par-
» ticulières à chaque exécution ont été suivies, soit

» pour la forme, soit pour le temps et les lieux, soit
» même pour l'objet de l'exécution. » Y a-t-il rien
là qui touche aux moyens de fond ? Il faut donc les
laisser au tribunal d'exécution civile ou consulaire.
C'est le vœu de la logique et dés principes, c'est le
commandement des art. 554 et 794 ; c'est même,
osons le dire, l'inspiration réelle de la doctrine op-
posée qui a fait luire à nos yeux l'esprit traditionnel
et sage de la défense écrite aux articles 442 et 553.
— Signalons, en finissant, une conséquence ins ruc-
tive de l'opinion d'après laquelle tous les moyens
d'opposition, même de *fond*, dirigés contre l'exécution des jugements consulaires, devraient être
soumis au tribunal civil du lieu des poursuites. C'est
M. Pigeau qui nous la fournit. Le savant interprète
a prévu que l'exécution d'un même jugement pourrait être simultanément opérée dans plusieurs ressorts judiciaires, et qu'alors aussi plusieurs tribunaux pourraient être appelés à statuer *définitivement*
sur les moyens de fond, ce qui donnerait ouverture
et à des frais multipliés, et à des contrariétés de jugements. Il tourne donc la difficulté comme on va
le voir. (Procéd. civ., t. II, p. 39) : « Si l'exécution
» se poursuit dans différents ressorts, chaque tribu-
» nal pourra statuer *provisoirement* ; mais le fond
» doit être porté à un seul tribunal pour éviter les
» frais, et l'on doit le porter à celui *du condamné*,
» etc. » Voilà donc la disposition de l'art. 553 appliquée par extension à un cas tout différent de celui
qui en était l'objet. Frappant exemple des embarras
où l'on est jeté par l'abandon des principes !... Re-

connaissez, au contraire, au tribunal de commerce qui a rendu le jugement le droit exclusif de statuer sur les *moyens de fond*, et vous trouverez ainsi sans effort la juridiction au sein de laquelle doivent venir se centraliser tous ces moyens, après les décisions provisoires des juges placés sur les lieux de poursuites.

Nous sommes en état maintenant de préciser avec sûreté le sens un peu flottant des deux articles qui dominent, comme nous l'avons dit, la matière. — *Le tribunal d'exécution* est celui qui tient de l'essence même de son pouvoir et d'un texte formel (art. 472), la mission d'assurer la consommation définitive et l'application exacte du jugement émané de lui. Cette prérogative n'est pas moins celle des tribunaux d'exception que des tribunaux du droit commun. L'article 553 n'oppose donc aucun obstacle à l'empire absolu de l'art. 554. Ces deux statuts agissent dans des sphères complètement différentes. L'un régit uniquement le mécanisme instrumentaire de l'exécution forcée; l'autre les difficultés de fond qui provoquent le ministère du juge. L'art. 794 est l'écho fidèle de cette distinction fondamentale que les maîtres de la science ont consacrée. (V. MM. Pigeau, *Pr. civ.*, t. I, p. 161, — II, p. 39; — Chauveau sous l'art. 554.)

Nous dirons peu de chose de la faculté conférée au *tribunal du lieu* de *statuer provisoirement* sur les *moyens de fond* qui relèvent du tribunal d'exécution. Ce n'est, à vrai dire, qu'une concession des principes à la nécessité des circonstances. Plusieurs in-

terprètes la regardent comme autorisant même le
juge de paix du lieu des poursuites à exercer cette
juridiction d'urgence. Nous doutons fort qu'il ait été
dans l'esprit de la loi de la rendre aussi étendue.

Quoi qu'il en soit, voici comment M. Pigeau explique la disposition dont il s'agit : « Le tribunal
» qu'on vient de désigner (d'exécution) décide sur
» la difficulté provisoirement, si cela est nécessaire,
» et définitivement si l'exécution a lieu dans son
» ressort. Mais si elle se fait hors du ressort, on a
» recours au *tribunal du lieu de l'exécution* (qu'il
» ne faut pas confondre avec celui d'exécution).
» Ex. : Un homme est condamné par le tribunal de
» la Seine à remettre un héritage sis à Orléans. Lors,
» de l'exécution, un tiers prétend qu'il est proprié-
» taire ; que le condamné n'est que son locataire et
» ne doit pas être expulsé. Il s'oppose à l'expulsion.
» Le tribunal d'Orléans pourra statuer *provisoire-*
» *ment* en ordonnant ou refusant l'expulsion ; mais
» il renverra la connaissance du fond au *tribunal*
» *d'exécution.* » Le même jurisconsulte enseigne
(*Procéd. civ.*, II, p. 328) que, dans la situation pré-
vue par l'art. 794, *la demande en nullité fondée sur*
des moyens de fond peut être provisoirement appré-
ciée par le tribunal du lieu de la détention, en vertu
de l'art. 554 qui pose une règle générale. M. C au-
veau (sous l'art. 794) partage ce sentiment dont nous
nous emparons pour écarter de notre solution précédente l'inconvénient des lenteurs entraînées par le
renvoi de l'affaire au tribunal de commerce compétent sur le fond. Il est aisé de comprendre que, dans

bien des cas, ce renvoi, après la décision provisoire.
n'aura pas même lieu. Si, par exemple, l'incarcéré
prouve qu'il était entré dans sa soixante et dixième
année lors de son arrestation, l'élargissement sera
ordonné sur le lieu même, sans que nul ait la pensée
de saisir le tribunal d'exécution. Mais il n'en importe
pas moins que la sauvegarde créée par la loi soit, en
règle générale, laissée intacte aux intérêts engagés
dans les incidents de poursuite.

On doit admettre encore avec M. Bioche (V° Exécution) que le tribunal du lieu a pouvoir de statuer,
en cas d'urgence, sur l'exécution d'une sentence
émanée d'une juridiction *supérieure. Ubi eadem ra-
tio, idem jus.* Il y a cependant un arrêt contraire de
la cour de Colmar du 10 novembre 1813 (Sirey,
142, 285). Mais l'espèce présentait cette circons-
tance notable, que la décision provisoire attaquée
paralysait l'exécution d'un arrêt *infirmatif* du premier jugement rendu par le *même* tribunal.

Nous arrivons au second ordre de faits réglé par
l'art. 554. Jusqu'ici, en effet, nous nous sommel
uniquement appliqué à la détermination du tribunas
d'exécution en matière de jugements. Mais l'explication de l'article précité nous impose une autre tâche
en ce qui regarde les *actes ou titres exécutoires* men-
tionnés déjà par la loi dans l'art. 551. Quel est alors
le *tribunal d'exécution?* Y a-t-il lieu, dans cette
hypothèse, à la succession du *provisoire* et du *définitif?*

Quant à la première de ces deux questions, une
déduction très-directe conduit à la réponse. Le *tri-*

bunal d'exécution d'un acte doit naturellement être
celui auquel il aurait appartenu de le rendre exécutoire, si déjà il ne l'avait été par sa forme , ou en
d'autres termes , celui devant lequel le demandeur
aurait appelé l'obligé pour obtenir condamnation. Il
ne s'agit donc plus que d'appliquer, dans ses diverses
prescriptions, l'art. 59 du Code de procédure. En matière personnelle, par exemple , le tribunal d'exécution sera celui du domicile réel du débiteur, ou du domicile élu contractuellement. (Nous verrons plus tard
si la compétence ne peut pas résider ailleurs.) C'est
ainsi que ce point de droit est résolu par MM. Pigeau
(II. Pr. civ., p. 39), Thomine-Desmazures (II, art.
553 et 554), Bioche (V. exécution des jugements et
actes), et Chauveau (sous l'art. 584). Le second de
ces commentateurs s'en explique nettement : « Celui
» contre lequel a lieu une exécution est le véritable
» *défendeur*. C'est à lui qu'appartient le privilége de
» ne pas être distrait de sa juridiction. C'est devant
» *le juge du lieu qu'il doit être traduit ou qu'il doit*
» *traduire son adversaire.* » M. Bioche dit d'une autre part : « Lorsqu'il s'agit des contrats et actes, le
» tribunal compétent est celui du lieu où l'exécution
» est poursuivie. » Et plus loin : « Il est sans incon-
» vénient, et même avantageux d'attribuer dans ce
» cas, aux juges d'exécution, le *pouvoir d'interpré-*
» *ter* et de juger d'après les intentions des parties ,
» en observant que les contestations présentées ainsi
» comme incidents sur l'exécution ne doivent pas
» être un prétexte pour soustraire le défendeur (le
» poursuivant) à ses juges naturels qui sont ceux de

» son domicile. » Rapprochons de ces divers passa-
ges, pour en rendre la lumière plus vive, l'opinion
professée dans le nouveau Répertoire de M. Dalloz
(V. n° 388, Compétence commerciale). Les juges-
consuls, dit l'auteur, sont « compétents pour statuer
» sur la validité d'offres réelles faites pour éteindre
» un *engagement commercial* (principalement ou in-
» cidemment), car les offres sont un mode de libé-
» ration, et il est essentiellement dans leurs attribu-
» tions d'apprécier si le paiement d'une dette *com-*
» *merciale* a été ou non effectué de manière à opérer
» la décharge du débiteur. » Rien n'est plus exact :
si le créancier avait voulu obtenir une consécration
judiciaire de son titre, à qui l'aurait-il demandée ?
Au tribunal de commerce, seul compétent dans l'espèce. Comment donc ce même tribunal n'aurait-il
pas aussi compétence pour statuer sur la validité
d'offres dont l'appréciation se confond indissoluble-
ment avec celle de l'acte commercial ? Après une si
juste perception des principes, on s'étonne d'entendre le même auteur proclamer avec deux arrêts,
l'un de la Cour de cassation (req., 3 brumaire an IX),
l'autre de la Cour de Paris (21 août 1810), que,
« aux termes de l'art. 442 du Code de procédure, il
» n'appartient pas aux juges-consuls de connaître de
» la validité d'offres réelles et de consignation faites
» en *exécution de leurs propres jugements.* » Voilà
où entraîne la tyrannie d'un texte mal compris ! Se
pourrait-il que l'interposition d'un jugement entre
l'acte commercial et les offres eût cet effet exorbitant
d'enlever de vive force au tribunal de commerce,

pour en investir un tribunal civil, une compétence essentiellement commerciale de sa nature? L'émission d'un jugement consulaire n'est-elle pas, au contraire, un lien de plus entre la juridiction dont il émane et l'incident d'offres qui, lui-même, se lie d'une manière intime à l'engagement? Eh quoi, enfin!.... le tribunal de commerce serait compétent s'il n'avait pas jugé déjà, et il ne le serait plus après avoir jugé! L'étrangeté de ces résultats n'est-elle pas une confirmation éclatante de la doctrine que nous avons soutenue en traitant de l'exécution des jugements? On reconnaîtra, du reste, par une analyse attentive, que les deux arrêts précités perdent beaucoup de leur autorité doctrinale en présence des faits particuliers qui les entourent.

Les voies d'exécution forcée venant presque toujours frapper l'obligé au lieu de son domicile, et le tribunal de ce domicile étant généralement celui de *l'exécution de l'acte*, il y aura rarement possibilité de deux décisions successives, dont la première serait seulement provisoire, suivant l'art. 554. Toutefois la loi prévoit elle-même, dans les articles 586 et 602, le cas d'une saisie faite *hors* du domicile de la partie poursuivie. Il y a donc alors nécessité de se demander si l'art. 554 doit s'appliquer à cette situation particulière, en ce sens que le tribunal du lieu statue à un titre purement provisoire, laissant à celui *d'exécution,* c'est-à-dire du domicile ordinaire ou élu, la solution définitive des difficultés *de fond.* Nous nous bornons maintenant à signaler ce point de vue dont l'examen sera mieux placé plus tard.

Ici se termine ce que nous avions à dire de l'exécution qui a pour objet le maintien de l'autorité des jugements et des actes, et qui formait la première branche de notre division primordiale. La seconde se référait à l'*exécution par contrainte* qui dépend du *ministère de la partie*, en d'autres termes, à la forme extrinsèque des diverses procédures coactives qui tendent à réaliser l'effet utile des condamnations ou des contrats. Un nouvel ordre d'incidents en découle et doit être soigneusement distingué de tous ceux qui nous ont occupé jusque-là.

Ce n'est plus la pensée intime ou la plénitude de réalisation du titre qui est impliquée dans le débat : c'est uniquement la question de validité ou d'invalidité des actes qui précèdent ou opèrent la main-mise des créanciers sur les biens du débiteur. Quel juge tranchera ces différends ? Nous avons répondu déjà en faisant ressortir la profonde disparité de sens des art. 553 et 554, et la distinction si précise que renferme l'art. 794. La règle *locus regit actum*, bien qu'empruntée à une toute autre matière, se présente ici comme la plus simple et la plus vive expression d'une impérieuse convenance. Le législateur ne pouvait hésiter, ni l'interprétation se méprendre un instant sur sa volonté. La force même des choses déférait au juge du lieu les difficultés qui naissent de procédures formalisées dans son territoire et presque sous ses yeux. C'est donc là un principe de compétence qui repose tout à la fois et sur la raison naturelle, et sur plusieurs textes décisifs (art. 553, 606, 617, 718, 794, 805, etc.) et sur l'accord des autorités les plus imposantes, et enfin sur une pratique universelle. (V. M. Chauveau sous l'art. 554.) Il était tellement dans la pensée du législateur d'accélérer la solution des difficultés de forme en les soumettant au juge local, qu'il a de plus investi ce juge de la connaissance des demandes de *distraction* attribuées par le projet de Code *au tribunal d'exécution.* (V. art. 608 et Comm. de Pigeau.)

Avant d'entrer dans l'examen des questions propres à chaque mode d'exécution forcée, nous avons encore à poser comme base de discussion, un fait juridique qui, introduit dans notre Droit pour la simplification des procédures, est devenu trop souvent le principe de difficultés embarrassantes. Nous voulons parler de cette fiction conventionnelle ou légale qui, dans des circonstances données, attache la personnalité d'un poursuivant ou d'un plaideur à un lieu autre que celui de *son principal établissement.* (V. art. 102 Cod civil.) On peut trouver dans les sources romaines l'origine de cette création législative. (V. *Dig.*, l. I, *de judiciis,* — *Cod.* 29, *de pactis.* — 1 *de jurid.*) Considérée dans son état présent, elle revêt tour à tour trois formes différentes. On distingue, en effet, *l'élection conventionnelle, l'élection forcée et l'élection facultative.* Nul doute en présence de l'art. 111 du Code civil, que la première ne soit attributive de juridiction. Il s'est élevé seulement quelques controverses sur les limites exactes que cette attribution doit recevoir. On s'est demandé, par exemple, si elle s'étendait soit aux significations qui viennent après le jugement obtenu, soit aux demandes en nullité de l'acte qui renferme l'élection. Bornons nous à dire que sur ces deux points controversés, l'affirmative tend justement à prévaloir. (V. à l'égard du second, un arrêt de la C. de Montpellier du 4 janvier 1841 ; — S Dev., 42. 1. 569.) Quant aux élections *forcée* et *facultative*, une seule et même question est à résoudre. Renferment-elles, comme l'autre, une vertu attributive de juridiction ? Il semble qu'on ne puisse en douter sérieusement quand on interroge la pensée secourable de la loi. Qu'a-t-elle voulu, en effet, en exigeant une élection de domicile au début des poursuites, si ce n'est faciliter à celui qui en est l'objet le moyen de les conjurer par voie de satisfaction ou d'opposition quelconque ? Et que deviendra cette bienfaisante intention, s'il y a toujours nécessité pour lui de porter ses griefs devant la juridiction peut-être très-éloignée du poursuivant ? Nous verrons cependant qu'il y a de graves dissentiments sur cette question, en recherchant la portée intime de l'art. 584. Notre unique vue, quant à présent, est d'établir ici ce qui est pour nous la vérité, comme un point de départ pour des développements ultérieurs. Plaçons toutefois, sans plus tarder, cette vérité sous les auspices d'imposants suffrages. Pigeau dit nettement dans son Commentaire de l'art. 584, que le domicile élu dans le commandement *tient lieu du vrai domicile*. Cette doctrine a passé dans un arrêt de la Cour d'Amiens du 21 décembre 1837 (D. p. 40, 2, 10) dont voici les motifs : « Considérant qu'aux termes de l'art. 111

» du Code civil , l'élection de domicile est attribu-
» tive de juridiction ; qu'il n'y a point de distinction
» entre l'élection conventionnelle et celle qui se fait
» dans les actes de procédure en vertu d'une dispo-
» sition de la loi ; qu'en effet, l'élection de domicile
» faite dans un acte de procédure et acceptée par la
» partie adverse, acquiert toute la force d'une conven-
» tion, etc. » (Il s'agissait d'une instance en validité d'offres sur saisie immobilière.) En ce qui regarde l'élection *facultative*, c'est-à-dire celle qui a
lieu volontairement dans le cours d'une procédure
quelconque, nous citerons un arrêt de la Cour de
Limoges du 5 janvier 1839 (D. p. 39, 2, 81) qui a
statué , par application de l'art. 59 du Code de procédure , « qu'un débiteur peut être assigné, en exé-
» cution d'un contrat , devant le juge du domicile par
» lui élu dans un procès-verbal d'offres se rattachant
» à cette exécution et à ce contrat, et qui sont refu-
» sées par le créancier.» Ce n'est donc point être nova-
teur que d'assimiler, dans leurs effets juridictionnels,
les diverses élections de domicile qui sont reconnues
par notre Droit. Un problème plus délicat consiste à
décider laquelle de ces élections doit l'emporter sur
les autres quand elles sont en concurrence. Mais la
discussion de ce point viendra plus à propos dans la
suite de cet écrit.

Après avoir ainsi posé les notions fondamentales
de la matière, nous avons à étudier méthodiquement
les aspects dissemblables qu'elle présente , suivant
qu'on la particularise dans telle ou telle voie d'exécution forcée. C'est annoncer une revue successive

des diverses procédures qui tendent à la réalisation
des jugements et des actes.

§ I. — Saisie-Immobilière.

L'expropriation forcée des immeubles se détache
nettement des autres saisies, en ce que les incidents qui s'y rapportent ont été l'objet d'une règlementation spéciale, soit dans le Code de 1806, soit
dans la loi du 2 juin 1841. Deux dispositions du titre XIII doivent particulièrement fixer notre attention : l'une est celle de l'article 718 qui règle le
mode d'introduction et de jugement *des demandes
incidentes à une poursuite en Saisie-Immobilière ;*
l'autre, est celle de l'art. 728 qui assigne un délai
utile pour la proposition des *moyens de nullité, tant
en la forme qu'au fond*, contre la procédure qui
précède la publication du cahier des charges. — Nul
doute, en présence du premier de ces deux articles,
que le tribunal du lieu de la situation des immeubles
ne soit compétent pour connaître de tous les incidents qu'engendre la poursuite, *quelle que soit
d'ailleurs la nature des moyens ou exceptions propo-
sés à raison de ces incidents.* Cette formule généra-
lisatrice est celle qu'a employée la commission du
gouvernement pour exprimer la décision prise par
elle, le 28 juin 1838, à la suite d'une discussion attentive. Il ne faut admettre qu'une seule exception
fondée sur l'article 717 qui est formel, et relative à
l'instance en résolution qu'un vendeur non payé ou-

vre avant l'adjudication. (V. Comm. de M. Chauveau, n°s 2412 *bis*, et 2412 *quinquies*.) Quant à l'art. 728, il n'a fait autre chose que consacrer très-heureusement une *jurisprudence presque universelle* (disait M. Pascalis) en associant les *moyens de fond* aux moyens de forme dans une destinée commune. On doit l'entendre avec cette portée, que toute exception d'une nature quelconque qui tend à empêcher l'adjudication de l'immeuble saisi, *lorsqu'il est saisissable et qu'il appartient au saisi* (faute de quoi il y aurait lieu à une demande en distraction) ne peut plus être proposée après la publication du cahier des charges ; on ne saurait donc avoir égard même à une opposition fondée sur la *mort du saisi* ou le *paiement de la créance*. (V. arrêt de la Cour de Riom, du 12 décembre 1849.) Mais il importe de remarquer que la déchéance infligée par l'art. 728 n'est pas exclusive du droit d'*attaquer le titre en vertu duquel on a saisi, par voie d'action principale*, *pendant tout le cours de la poursuite ;* ces paroles sont de M. Pascalis, le savant rapporteur du projet de loi à la Chambre des députés. Le litige sera concentré alors entre le saisissant et le saisi, sans que les effets de l'expropriation commencée ou consommée puissent être ravis, soit aux autres créanciers, soit à l'adjudicataire. (V. M. Chauveau, n° 2422 *ter* et *undecies*.) Avant d'abandonner cet ordre d'idées, nous signalerons, comme possible, un cas où le tribunal de la situation des immeubles serait incompétent pour statuer au fond sur une opposition du saisi. C'est celui où il s'agirait d'*interpréter* le jugement

en vertu duquel l'expropriation aurait été poursuivie;
de déterminer, par exemple , si la condition à laquelle on avait subordonné la condamnation , s'est
ou non réalisée, etc. La solution du débat appartiendrait nécessairement au *tribunal d'exécution,* et
celui devant lequel l'expropriation serait pendante
n'aurait d'autre droit que de *surseoir* à l'adjudication,
en vertu de l'art. 703 , dont la permission générale
se plie à toutes les nécessités des circonstances.

Les principes que nous venons d'exposer se rapportent limitativement aux véritables *incidents de
Saisie-Immobilière.* Il y avait donc intérêt à se demander si des incidents de ce genre peuvent naître
à toutes les phases de l'expropriation, et notamment
dans l'intervalle qui sépare le commandement du
procès-verbal ; en d'autres termes, si l'opposition di-
rigée contre un commandement tendant à saisie-immobilière, tombe ou non sous l'empire de l'art. 718
ci-dessus analysé. La négative ressort avec netteté
de la doctrine et de la jurisprudence , comme aussi
des travaux parlementaires. — La doctrine part de
ce principe , que le commandement (qui peut être à
plusieurs fins) ne commence pas mais *annonce* seulement l'expropriation projetée. (V. M. Chauveau,
n° 2200.) La jurisprudence, s'inspirant du même
principe, a proclamé dans plusieurs arrêts que l'appel du jugement qui statue sur une opposition à
commandement peut être interjeté dans les délais
ordinaires, à la différence de celui qui a pour objet les
jugements sur incidents. (V. art. 731.) [Cassat.,
2 janv. 1827 ; 1er févr. 1830 ; Nîmes, 23 janv. 1849;

Limoges, 7 déc. 1843.] Enfin, la commission du gouvernement a déclaré formellement que les contestations qui surgissent entre le commandement et le procès-verbal de saisie, ne sont pas régies par l'article 718. Ce point de droit peut donc être tenu pour constant. — Que si, au contraire, le procès-verbal est déjà fait, le commandement s'*incorpore* avec cet acte, comme le dit très-heureusement M. Chauveau, et tous les incidents qui se produisent appartiennent réellement à la procédure d'expropriation. — Nous aurons à examiner plus tard quelles règles de compétence doivent être suivies dans le cas d'une simple opposition au commandement, en l'absence d'une disposition spéciale de la loi nouvelle.

§ II. — Saisie-Arrêt.

Il y a cela de commun entre cette voie d'exécution forcée et la précédente, que les incidents qui peuvent en naître ont été l'objet d'une attribution précise de juridiction Nous la trouvons dans l'art. 567, dont l'importance ne se borne pas à son effet direct, et qui, pénétré dans son sens intime, peut fournir une indication générale à laquelle nous devons nous attacher. M. Carré nous apprend que, dans le Droit antérieur, les demandes en validité et en main-levée étaient portées au tribunal dans le ressort duquel avait lieu la saisie. L'art. 567 a donc innové, et il devient d'autant plus intéressant de connaître la pensée du législateur moderne. Ecoutons l'exposé des motifs de M. Réal. (V. Locré, t. XXII, p. 557.) « La demande

» en main-levée formée par la partie saisie doit
» également et dans tous les cas être portée devant
» le tribunal de la partie saisie. Le véritable deman-
» deur est ici celui qui a formé la saisie-arrêt, et le
» demandeur en main-levée n'est que *défendeur* à
» cette saisie. » MM. Pigeau et Thomine-Desmazures se sont faits les échos des paroles de l'orateur
quand ils ont écrit, le premier : « Quoique le saisi
» qui demande la main-levée soit, en apparence,
» demandeur, néanmoins, dans la réalité, il n'est
» que défendeur, puisque cette demande n'est que
» pour se débarrasser de l'attaque que lui livre l'op-
» posant par son opposition. » Le second : « C'est
» toujours le saisi qui est le véritable défendeur. »
Retenons ces propositions qui sont fertiles en conséquences précieuses. Toutefois, nous devons aller
de suite au-devant d'une objection qui tendrait à
nous les ravir, et qui n'est au fond qu'une méprise.
On lit dans le *Journal du Palais* (1849, 1, p. 163)
à propos d'un arrêt dont nous aurons à nous occu-
per plus tard, des observations très-remarquables
où sont résumés et mis en présence les moyens qui
militent pour ou contre la dévolution des incidents
de saisie immobilière au tribunal du domicile élu par
le poursuivant. Au nombre des moyens contraires,
figurent ces deux considérations, à savoir : 1° que le
saisi n'est pas un véritable défendeur, puisqu'il n'est
pas *assigné*; 2° que l'induction tirée de l'art. 567 est
sans valeur, la demande en main-levée de la saisie-
arrêt étant une simple *réplique* à la demande en validité. Ce second argument frappe l'esprit au pre-

mier abord, mais il ne tarde pas à s'évanouir aux yeux de quiconque examine de près la matière. On reconnaît bien vite, en effet, que la demande en main-levée peut *devancer* celle de validité, cas auquel elle se produit non plus sous la forme d'un simple incident (c'est-à-dire par acte d'avoué à avoué), mais par exploit introductif d'instance, avec dispense du préliminaire de conciliation (V. Pigeau, Comm., p. 163, t. II). Que devient dès lors cette explication spécieuse de l'article 567 ? Sa disposition conserve ainsi toute la portée doctrinale que lui assignaient déjà l'exposé de motifs et les commentaires reproduits plus haut.

Nous renfermant, quant à présent, dans le cercle restreint de la saisie qui nous occupe, nous appellerons l'attention sur un arrêt de la Cour de Paris du 19 floréal an XI (S. III, 2, 291), qui a judicieusement décidé que la question de validité des offres du saisi devait être soumise au tribunal de son domicile, comme incident de la demande en validité de l'opposition formée. M. Chauveau, qui adhère à cette jurisprudence, en met la vérité dans tout son jour par cette observation que l'instance relative aux offres tend virtuellement à la main-levée, et rentre ainsi pleinement dans la prescription de l'art. 567.

Nous serions naturellement amené à traiter ici d'une branche collatérale de la théorie des saisies-arrêts, si nous pouvions donner au sujet tous les développements qu'il comporte. Il s'agirait d'apprécier si la compétence déférée par l'art. 567 au tribunal *civil*, doit faire place à celle de la juridiction com-

merciale dans quelques cas spéciaux que nous avons
eu déjà l'occasion d'indiquer, à savoir, quand la saisie-arrêt a été autorisée par un magistrat consulaire,
soit dans les termes généraux du Droit, soit dans le
cas particulier de l'article 172 du Code de commerce; quand une main-levée est demandée par des
moyens commerciaux, comme conséquence de la décision au fond, ou accessoirement à une demande
principale dont le caractère est commercial, etc. On
trouvera une exposition détaillée de ces divers points
de vue dans le nouveau Répertoire de M. Dalloz (v°
Compétence commerciale, n° 393 et suiv.). Qu'il
nous suffise de présenter ici le résultat final de cette
étude, en disant que l'opinion restrictive des attributions consulaires tend à dominer, surtout dans la
doctrine. M. Dalloz la fonde sur des arguments puis-
sants qui nous semblent devoir fixer la conviction.
Ici, en effet, le principe de l'attraction des matières
rencontre un obstacle capital, dans l'appareil extrinsèque de la procédure. (V. aussi Armand Dalloz, v°
Comp. comm., n° 311 et suiv.)

§ III. — Saisie des rentes.

Nous aurons peu de chose à dire de cette voie d'exécution, qui participe en la forme et de la saisie immobilière et de la saisie-arrêt, mais qui emprunte
surtout à la seconde (V. art. 637 à 641); c'est dire
assez que toutes les solutions précédentes doivent être
transportées dans ce nouveau paragraphe. Nous avons
seulement à faire remarquer, d'une part, que l'art.

636 n'exige pas d'élection de domicile dans le commandement préliminaire ; d'une autre part, que cette élection doit se trouver dans l'exploit de saisie, et *avoir lieu chez un avoué près le tribunal devant lequel la vente sera poursuivie.* Quel est ce tribunal ? L'ancien art. 643 répondait à cette question en indiquant *le tribunal du domicile de la partie saisie.* L'art. 642, correspondant de la loi modificative, a substitué à cette indication la formule discrète que nous avons déjà reproduite : *Le tribunal devant lequel se poursuit la vente.* M. Duvergier nous révèle comme il suit, dans les notes précieuses de sa *Collection,* la pensée du législateur · « L'amendement a » eu pour but d'éviter l'incertitude et les difficultés » qui pourraient se présenter dans le cas où la par- » tie saisie aurait élu un domicile pour l'exécution » de la convention. » Bien loin donc d'infirmer les principes, le vague de la rédaction a pour objet d'en assurer d'autant mieux l'autorité.

§ IV. — Saisie-Exécution.

C'est dans cette branche de notre sujet que nous en rencontrerons les difficultés les plus ardues. Elles se rattachent à l'art. 584, dont la disposition finale ouvre un vaste champ à la controverse. On peut rapporter à deux questions culminantes la discussion que cet article provoque :

1° Doit-on en généraliser, par voie d'analogie, la prescription, et l'étendre à toutes les exécutions forcées qui procèdent par un commandement portant

une élection de domicile obligée ? Ce premier point
a fait naître de graves dissentiments parmi les interprètes. Combattue par Pigeau, Carré, Berriat-St-
Prix et M. Persil fils, l'affirmative s'appuie sur l'autorité imposante de MM. Chauveau, Lachaise, Rodière et Jacob. Le premier de ces jurisconsultes a
deux fois examiné cette question : d'abord sous l'article 584, qui en est le siége, puis sous l'art. 732
(n° 2425 *bis*). Nous ne pouvons mieux faire, au
point de vue même de la brièveté, que de laisser
parler le savant professeur de Toulouse. « On dit
» pour la négative que, dans le cas de l'art. 584, la
» saisie-exécution devant suivre le commandement
» après l'expiration de 24 heures, il y a nécessité
» pour le débiteur de trouver promptement un lieu
» où il puisse adresser les significations qu'il destine
» à prévenir l'exécution. Dans le cas de l'art. 673,
» au contraire, ce n'est qu'au bout de trente jours
» que le commandement doit être suivi de saisie-
» immobilière ; le danger n'est donc pas si pressant.
» C'est ce que soutient M. Persil fils (Comm. p. 67,
» n° 74). Mais ne peut-on pas répondre à cette ob-
» servation, comme le fait M. Lachaise, que ce dé-
» lai de trente jours peut lui-même être trop res-
» treint, lorsque les parties sont domiciliées à de
» grandes distances, pour que, soit les offres réelles,
» soit l'acte d'appel, puissent être signifiés au do-
» micile réel et revenir en temps utile pour empê-
» cher la saisie ? D'ailleurs, comme nous l'avons
» déjà fait remarquer, le créancier qui a fait signi-
» fier un commandement à fin de saisie-immobilière

» peut vouloir abandonner cette voie et lui préférer
» celle de la saisie-exécution. Or, il n'a pas besoin
» pour cela de renouveler son commandement, car
» la saisie-exécution peut intervenir après tout acte
» qui, en signifiant au débiteur le titre exécutoire,
» le menace, faute de paiement, d'une exécution
» forcée. Le débiteur est donc toujours autorisé à
» regarder le commandement en saisie-immobilière
» comme contenant aussi la menace d'une saisie-
» exécution, et, par conséquent, à profiter de la fa-
» culté contenue dans l'art. 584 pour prévenir ce
» genre de saisie. » (V. dans ce sens un arrêt de la
Cour suprême du 27 mars 1821. S. 21, 1, 327.)
M. Chauveau indique ensuite un arrêt de la Cour de
Grenoble, du 16 janvier 1826, qui a repoussé la signification d'un appel au domicile élu. Mais, comme
l'appel ne rentre pas dans le cercle de notre sujet,
uniquement relatif aux voies d'opposition proprement dites, nous éliminerons ce point de vue, en
renvoyant purement et simplement aux sources. (V.
M. Chauveau, n°ˢ 1652 et 2008. — Armand Dalloz,
v° Domicile élu.), et nous concentrerons notre examen sur les *offres réelles* dont parle l'art. 584. La
doctrine libérale que M. Chauveau a si bien déduite
dans le passage précédemment cité, méritait, ce nous
semble, d'obtenir la haute consécration de la Cour
suprême. Elle ne l'a, par malheur, obtenue qu'en
partie, et en provoquant un schisme regrettable entre deux sections de cette Cour. D'une part, en effet,
nous voyons la chambre des requêtes décider, le 12
janvier 1842 (D. 1842, 1, 78), en rejetant le pour-

voi dirigé contre un arrêt d'Orléans, « que les offres
» réelles du débiteur à la suite d'un commandement
» sont valablement signifiées au créancier au domi-
» cile élu par lui dans le commandement à fin de
» saisie immobilière, et que l'art. 584 C. pr. quoi-
» que placé sous le titre de la Saisie-Exécution, trace
» une règle spéciale pour tous les débiteurs poursui-
» vis, par dérogation à la règle générale écrite dans
» l'art. 1258 C. civ. » D'une autre part, la Chambre
civile a jugé, le 5 mars 1849 (D. 1849, 1, 159), en
rejetant le pourvoi dirigé contre un arrêt de la Cour
de Rouen, « que les offres réelles faites par le débi-
» teur poursuivi par voie de saisie immobilière, au
» domicile élu dans le commandement, sont nulles,
» et qu'ici ne s'applique pas l'art. 584, spécial à la
» saisie-exécution. » Du côté du premier arrêt, nous
en trouvons un de la Cour de Limoges du 30 janvier
1847, et un autre de la Cour de Nîmes du 23 janvier
1827 (nous reviendrons plus tard sur ces décisions).
Du côté du second et à une date antérieure, se pla-
cent deux arrêts des Cours d'Aix et de Limoges, rendus les 24 février et 30 juillet 1844.

Il n'est pas inutile de fixer son attention sur les
divers motifs déduits par la Chambre civile de la Cour
suprême. Le premier est tiré de l'art. 1258 du Code
civil applicable à la cause, en ce qu'il y avait eu *lieu
convenu par les parties pour le payement.* Nous aurons à examiner plus tard si l'élection *conventionnelle* doit l'emporter, en pareil cas, sur l'élection
forcée que renferme le commandement. — Un second motif est fondé sur ce que cette dernière élec-

tion devant avoir lieu, non pas dans la *commune* où *doit se faire la saisie-exécution*, mais *dans le lieu où siège le tribunal qui devra connaître de la saisie*, l'art. 584 ne pouvait régir l'espèce. Qu'on nous permette de dire que c'est là pousser bien loin le rigorisme formaliste. Ne fallait-il pas plutôt se demander s'il y a ou non identité d'objet entre les élections prescrites par les art. 584 et 673 ? Or, comme le disaient les demandeurs en cassation, cette dernière élection ne *peut avoir d'autre but que de* procurer aux débiteurs le *moyen le plus prompt d'obtenir leur libération par des offres faites au lieu de la vente.* Ils ajoutaient ces observations remarquables : « Objecterait-on que l'élection de domicile prescrite
» par l'art. 673 est exigée pour éviter, dans les
» contestations incidentes à la saisie, et durant le
» cours de l'instance, toutes significations à la personne ou au domicile du créancier ? Ce serait une
» erreur ; car le domicile où doivent se faire ces significations n'est pas celui élu en conformité de
» l'art. 673, mais bien celui de l'avoué constitué
» plus tard dans le procès-verbal de saisie (art. 675).
» Enfin, c'est aussitôt après avoir prescrit l'élection
» de domicile qu'il exige, que l'art. 673 ajoute, en
» parlant du commandement : *Il énoncera que,*
» *faute de payement, il sera procédé à la saisie.*
» Faute de payement où ? Evidemment dans le lieu
» où le créancier vient de dire qu'il fait élection de
» domicile, où il provoque son débiteur à venir
» payer. » Rien de plus judicieux à notre sens. On comprend d'ailleurs sans peine que le domicile élu

dans le commandement ait été fixé, en matière de saisie dès immeubles, ailleurs qu'en matière de saisie des meubles. Comme, en effet, au premier cas, un long intervalle doit séparer le commandement, qui est l'éclair, de l'exécution, qui est la foudre, il y avait moins d'importance à placer le domicile élu sous la main du saisi. Le législateur l'a donc très-convenablement déterminé *au lieu où siège le tribunal* devant lequel s'accomplira la procédure. Dans la pratique, du reste, les deux élections de domicile exigées par les art. 673 et 675 se confondent naturellement dans l'étude de l'avoué du saisissant. — L'arrêt dont nous nous occupons invoque pour troisième motif cette considération « que l'art. 673 ne » reproduit point, pour le cas de saisie-immobilière, » l'autorisation portée en l'art. 584 précité, laquelle » était motivée sur le bref-délai dans lequel la saisie-» exécution devait suivre le commandement, etc. » Nous avons entendu tout-à-l'heure M. Chauveau réfuter victorieusement cette argumentation. Inutile donc de nous y arrêter davantage.

Tout nous amène ainsi à conclure, malgré l'autorité imposante de la Cour suprême, que l'art. 584 doit recevoir une application générale à toutes les voies d'exécution précédées d'un commandement qui indique un domicile élu.

2° Mais cet art. 584 a-t-il eu pour unique objet et aura-t-il pour unique effet d'autoriser les *significations* du saisi faites ailleurs qu'au domicile réel ? Sa portée virtuelle n'est-elle pas beaucoup plus étendue, et n'opère-t-elle pas une attribution de juridiction au tribunal du domicile élu , à l'égard de tous les moyens d'opposition du saisi, comme aussi des offres réelles qui ont particulièrement fixé plus haut notre attention ? Telle est la seconde question précédemment annoncée. Faisons remarquer, en premier lieu, que nous n'entendons pas la poser en ce qui regarde les *difficultés de forme* , puisqu'il est avéré déjà qu'elles appartiennent au juge local (V. suprà) ; en second lieu, que cette question ne se réfère pas seulement à la saisie-exécution qui est l'objet spécial de l'art. 584 , mais encore à la saisie-immobilière jusqu'au procès-verbal *exclusivement* (tout ce qui suit formant un incident régi par des dispositions textuelles), et à la saisie-brandon. Quant aux autres saisies et à la contrainte par corps, elles devront faire le sujet d'un appendice à raison de leur règlementation distincte.

Avant d'examiner quelle juridiction serait compétente en matière d'opposition, soit à un commandement précurseur de la saisie , soit à la saisie elle-même déjà pratiquée, il y avait d'abord à se demander si l'on peut se pourvoir en nullité contre un simple commandement, c'est-à-dire s'il n'y a pas nécessité d'attendre la saisie qui seule fait un véritable grief. Quelques esprits se sont arrêtés à ce scrupule. Mais , sans entrer à ce propos dans une discussion superflue , il nous suffira de dire que la faculté dont il s'agit ne saurait être sérieusement contestée. Il y a là un intérêt *préventif* qui légitime l'action, et, comme l'a sagement décidé la Cour de Toulouse (11 janvier 1831, D. P. 1831, 2, 17), *me-*

lius est intacta jura servare, quam post vulnerata remedium quærere. C'est aussi dans ce sens que se prononcent MM. Dalloz (t. XI, p. 703, n° 25) et Chauveau (n° 2215). Disons encore qu'il faut saisir le tribunal par voie d'assignation directe, et qu'un simple *renvoi en état de référé* ne suffirait pas pour lui déférer l'opposition au principal. (Paris 18 septembre 1812, D. A., t. XI, p. 654, note n° 3.)

Cela posé, nous abordons notre thèse.

Si l'étude des précédents législatifs est, en général, un utile moyen d'interprétation des lois actuelles, il en doit être ainsi surtout à l'égard du Code de procédure qui n'est guère, comme nous l'apprennent ses auteurs eux-mêmes (V. Exposé des motifs de M. Réal), qu'un alliage plus ou moins heureux de l'ordonnance de 1667 avec les déclarations royales, arrêts du Conseil, règlements de Cours souveraines, etc. Il n'est donc pas sans intérêt de consulter notre ancien droit sur la question à résoudre. Or, l'art. 1er du titre XXXIII de l'ordonnance de 1667 exigeait, comme l'art. 584 du Code de procédure, *une élection du domicile du saisissant dans la ville où la saisie-exécution sera faite*, etc. La même pensée protectrice se retrouve dans l'édit de 1685, rendu pour l'administration de la justice au Châtelet, édit dont l'art. 7 interdit toute saisie non précédée d'une élection de domicile à Paris, et autorise les assignations à bref délai en matière de main-levée. Avec quelle portée ces prescriptions étaient-elles entendues et appliquées? Jousse va nous en instruire : « Cette » élection de domicile, dit-il, est requise non-seule-

» ment afin que le débiteur connaisse le lieu où il
» doit s'adresser pour faire les oppositions et signi-
» fications nécessaires, mais elle donne encore au
» saisi et *autres opposants* le droit d'assigner le sai-
» sissant *par-devant le juge du lieu du domicile élu*,
» pour décider sur les contestations qui peuvent ar-
» river au sujet de cette saisie. » Détachons tout
d'abord de ce passage la solution particulière qui se
rattache aux opposants autres que le saisi, et les
assimile à celui-ci quant au pouvoir d'instrumenter
au domicile élu; Pothier (P. civ., 4ᵉ partie, ch. II,
§ 3) et Merlin (Rép., v° Dom. élu, § 1, n° 3), l'ont
consacrée par leur suffrage; MM. Thomine-Desmazures (sous l'art. 584) et Chauveau *(ibid.)* l'ont également adoptée. Le premier de ces commentateurs
établit, avec l'histoire de la rédaction, que la spéci-
fication des offres réelles et de l'appel dans l'art. 584
n'a été nullement restrictive, mais, au contraire, ex-
tensive de la législation précédente sous laquelle on
doutait de l'admissibilité de l'appel au domicile élu.
On a voulu d'ailleurs déroger sans équivoque à l'article 456 qui exige la signification de l'appel au domicile *réel*. Enfin, pour en venir au fond du débat,
ne serait-il pas fort étrange que les opposants assu-
jettis par l'art. 609 *à une élection de domicile dans le
lieu où la saisie est faite,* ne pussent se prévaloir de
semblable élection de la part du saisissant ? D'autres
raisons de décider ainsi nous apparaîtront bientôt.
Telle n'est cependant pas la direction suivie par la
jurisprudence de la Cour suprême (3 juin 1812) et
de plusieurs Cours d'appel. Toutefois, notre opinion

s'appuie sur plusieurs monuments de jurisprudence
(Bruxelles, 7 mai 1822. Bordeaux, 8 mai 1830.)
Remarquons qu'elle doit être appliquée non-seulement aux opposants proprement dits, mais encore
au revendicant et au gardien. (V. art. 606 et 608.)

Nous abandonnons ce point accessoire pour revenir à la décision principale de Jousse, qui regarde
l'élection de domicile dans *l'exploit de saisie* (aujour-
d'hui le commandement) comme attribuant juridiction au juge de ce domicile élu. Cette doctrine doit-
elle être suivie aujourd'hui ? Tel est le plus épineux
problème que nous ayons à résoudre. Déjà nous l'a-
vons touché plus haut, et nous avons fait notre pro-
fession de foi sur ce point en abritant notre hardiesse
sous des autorités graves, à savoir : d'un côté Pigeau,
l'un des coopérateurs de la loi nouvelle, proclamant
que le domicile élu dans les termes de l'art. 584
tient lieu du vrai domicile, et d'une autre part, les
Cours d'Amiens et de Limoges plaçant les élections
facultative et forcée sur la même ligne que l'élection
conventionnelle, en ce qui regarde l'effet attributif
de juridiction. Toutefois, en présence des nombreux
dissentiments qui s'élèvent, cette solution purement
didactique ne porte pas avec elle une justification
suffisante. Il faut donc lui demander plus sévère-
ment sa raison d'être, et rechercher si la loi elle-
même ou la jurisprudence qui en est, a dit Portalis,
le *supplément naturel,* ne renferme pas, soit des dé-
ductions directes de notre principe, soit des analogies sensibles qui en font disparaître l'anomalie ap-
parente.

Or, pour demeurer dans la spécialité même de notre sujet, le titre de la saisie-exécution envisagé synthétiquement ne porte-t-il pas un éclatant témoignage de l'intention du législateur ? Rapprochons notamment les art. 606, 608, 610, 656 et suivants du Code de procédure. Qu'y voyons-nous ? L'attribution formelle et géminée au juge du *lieu de la saisie* de toutes les contestations de forme ou de fond qu'elle engendre. L'art. 610 et le titre de la *distribution par contribution* qui n'en est qu'un corollaire, sont surtout remarquables en ce qu'ils défèrent à ce même juge du lieu la connaissance des *causes de l'opposition*, c'est-à-dire des débats sans nombre et de tout genre qui peuvent se rattacher à la validité du *titre* de chacun des opposants. (V. arrêt de la Cour de Paris du 11 juin 1836. D. P. 37, 2, 19.) Il en est de même en matière d'ordre, là où tant et de si graves intérêts peuvent être engagés (art. 749 et suiv.) En présence de ces dérogations flagrantes aux règles générales de compétence, n'est-il pas manifeste que le législateur a voulu concentrer dans un seul et même lieu, celui où l'exécution s'est opérée, le règlement judiciaire de toutes les difficultés qu'elle soulève ? Comment donc le poursuivant échapperait-il à cette loi d'attraction qui domine tous les autres intérêts ? Pourquoi lui laisser l'avantage de plaider devant sa juridiction naturelle sur le mérite de sa poursuite, quand les opposants, créanciers aussi-bien et peut-être mieux que lui, doivent transporter plus ou moins loin la discussion de leurs droits ? N'est-ce pas lui d'ailleurs qui est venu atta-

quer le saisi dans son domicile ou sa résidence ?
N'a-t-il pas choisi lui-même le terrain du combat, et
convient-il qu'il puisse ensuite, en faisant retraite,
entraîner jusque dans son for un adversaire qui a le
rôle de *défendeur* ? Le commandement avant-coureur
d'une saisie ou la saisie elle-même ne constituent
point, il est vrai, une instance dans la rigueur tech-
nique de l'expression ; mais peut-on nier pourtant
qu'il n'y ait au fond de tels actes une demande im-
plicite et plus pressante que toutes les autres ? —
Une procédure coactive est ouverte. Le prétendu
débiteur résiste en faisant opposition. Y a-t-il là autre chose qu'un incident de poursuite qui doit s'ac-
complir dans le lieu même de cette poursuite dont il
est l'accessoire ? Il faut donc appliquer la maxime :
Le juge de l'action est le juge de l'exception. On sen-
tira tout le prix de cette vérité de droit si l'on consi-
dère que l'opposition n'a pas la vertu intrinsèque
d'arrêter l'exécution commencée. Le poursuivant
peut, en effet, passer outre à ses risques et périls. Il
n'y a qu'une décision judiciaire qui ait la puissance
d'enchaîner son action. (V. MM. Rauter, n° 154 ;
Chauveau, n° 2422 bis. Req. 4 juillet 1838. D. P.
1838, 1, 305.) Combien n'importe-t-il donc pas au
défendeur d'accélérer le jugement de son opposition,
et quelle sera sa condition s'il lui faut aller plaider à
deux cents lieues , devant la juridiction du poursuivant ? L'expropriation pourra s'opérer dans l'attente
d'une décision favorable à l'opposant. Que si le poursuivant a bien voulu suspendre la consommation
d'une saisie déjà faite, quelle accumulation de frais

de garde n'aura pas lieu dans l'intervalle? Il y a plus : le saisissant lui-même ne sera-t-il pas heureux d'échapper promptement à l'anxiété que l'opposition lui cause? Ce que disait M. Pascalis en 1838, à propos de l'art. 718 du Code de procédure, est parfaitement applicable ici : « L'expérience prouve que la » personne qui, en vertu d'un titre exécutoire dans » sa forme, voit ses biens saisis, si elle conteste » encore sur la validité de ce titre, le fait plutôt dans » l'objet de gagner du temps que dans l'espérance » d'opposer au poursuivant une résistance bien fon- » dée. » Il est donc dans l'intérêt d'une bonne justice de déjouer ces expédients dilatoires par une décision rapide émanée des juges du lieu.

Voulons-nous recueillir dans le vaste champ du droit quelques analogies notables? Elles s'offriront en foule à notre recherche.

La reconvention, par exemple, est-elle autre chose qu'une des conséquences directes de la maxime précédemment rappelée : *le juge de l'action est le juge de l'exception?* Et n'opère-t-elle pas une déro- gation sensible aux règles ordinaires de juridiction ? Or, il y a entre la reconvention et l'opposition qui nous occupe une parité frappante. Si la première est, suivant les commentateurs, *une défense à l'action principale* (V. Carré, Comp., T. 4, p. 68 ; — Bon- cenne continué par Bourbeau, etc.), la seconde n'est-elle pas de même une défense à la poursuite ? Et si, dans un cas, la connexité a paru justifier l'u- nité d'attribution, comment, dans l'autre, la même cause n'engendrerait-elle pas, à bon droit, un pareil effet ? On pourra bien objecter, *en la forme*, qu'une voie d'exécution forcée n'est, pas une instance, et qu'ainsi l'identité nous manque. Mais c'est d'une simple similitude que nous nous emparons. Et peut-on méconnaître, comme nous le disions un peu plus haut, qu'il y ait une véritable demande, et la plus pressante de toutes, au fond d'une poursuite tendante à une expropriation quelconque ? Enfin, n'est-ce pas une raison de convenance analogue qui a inspiré au législateur l'art. 171 du Code de procédure?

Beaucoup d'autres anomalies vont nous rappeler que les sciences morales, et notamment celle du Droit, qui est cependant la plus positive de toutes, n'admettent pas l'inflexible précision des vérités mathématiques.

Nul doute que la loi, en instituant les tribunaux de commerce, n'ait voulu enfermer dans un cercle inextensible leur juridiction d'*exception*. En combien d'occurrences pourtant ce cercle n'a-t-il pas été rompu par la force même des choses, qui gardera toujours une large part de puissance, en dépit des codifications les plus savantes ? C'est ainsi qu'on a décidé non-seulement qu'il appartenait aux juges-consuls de statuer sur la validité d'actes commerciaux attaqués pour cause d'erreur, de dol, violence ou simulation, (V. requêtes, 11 février 1834.) mais encore que ces mêmes juges-consuls pouvaient annuler *pour vice de forme* des actes authentiques, apprécier des moyens de défense fondés sur *un contrat civil* (pourvu qu'il n'aient pas le carac-

tère de demande reconventionnelle) déterminer,
par exemple, la portée d'un mandat dont on excipe.
(V. nouveau Répert. de Dalloz, v° Compétence commerciale, chap. iii, art. II.) En sens inverse , il résulte d'une jurisprudence récente de la Cour suprême qu'un tribunal civil saisi d'une opposition à
l'exécution d'un jugement consulaire peut, nonobstant la proposition d'un déclinatoire, statuer sur des
moyens d'imputation tirés d'actes commerciaux.
(Req., 7 février 1844.) L'arrêt de la Cour de Rouen,
objet du pourvoi, était motivé sur ce que les reprises
de l'opposant *étaient incidentes à la question d'opposition dont le tribunal seul pouvait connaître, et
rentraient nécessairement. dans sa compétence.* La
Cour de cassation déclare à son tour « que la com-
» pétence attribuée par la loi aux tribunaux civils
» relativement à l'exécution des jugements rendus
» par les tribunaux de commerce, emporte le droit
» de connaître des demandes form es sur cette exé-
» cution, alors même qu'on les fait résulter d'actes
» de commerce ou qui émanent de commerçants,
» si elles se *rattachent à cette exécution, et n'en sont
» qu'une dépendance.* » (V. nouveau Rép., *loco cit.,*
n° 402.) Ne sont-ce pas là autant d'effets sensibles
de ce que nous avons appelé le principe de l'*affinité
des matières*, ou, ce qui revient au même, de cette
exception aux règles générales d'attribution judiciaire : *Le compétent attire l'incompétent?* Nous devons ajouter, pour échapper au reproche d'inconsé-
quence, que nous revendiquons uniquement en faveur de notre thèse dans l'arrêt du 7 février 1844,

la notion dominante qui subordonne et lie, quant à
la compétence, l'accessoire au principal, nous gar-
dant bien d'ailleurs de reconnaître comme exacte la
dévolution de ce principal (à savoir du *fond* de l'exécution) aux tribunaux civils. (V. *suprà.*) Au reste,
l'hésitation de la jurisprudence est remarquable sur
ce point. Nous voyons, en effet, la chambre civile
de la Cour de cassation , qui a rendu le précédent
arrêt, décider le 14 nov. 1838, dans une espèce analogue, « que le tribunal de Toul a pu, sans violer au-
» cune loi, s'abstenir de prononcer l'exécution qui lui
» était demandée, et renvoyer les parties devant qui
» de droit, » c'est-à-dire devant la juridiction consulaire. Le tribunal civil saisi de l'opposition aux poursuites à fin d'exécution de condamnation commerciale, pourra donc, à son gré, retenir ou répudier la
connaissance des moyens d'opposition qui ont leur
source dans des faits de commerce !... N'est-ce pas
là ouvrir une grande brèche à l'application suivant
nous démesurée que l'on fait, en général, de l'article 553 du Code de procédure ? — La Cour de Gand
l'a ouverte bien plus grande encore en jugeant, le
12 avril 1844, que « le tribunal civil, compétent
» pour connaître de la demande en validité d'une
» saisie-arrêt, ne l'est pas néanmoins pour juger les
» contestations *sur le fond,* qui sont de la compé-
» tence d'un autre tribunal , etc. » Là est, suivant
nous, la vérité. Nous tenions à faire remarquer en
passant combien peu la Cour suprême paraît sûre
de l'avoir saisie, en 1838 au moins, puisqu'elle met
une alternative indécise à la place d'une solution

tranchée. M. Dalloz a lui-même relevé cette fluctua-
tion fâcheuse de la jurisprudence. (V. loc. cit.) —
En revenant aux rapprochements d'analogies qui
nous occupaient, nous pourrions grouper encore des
particularités nombreuses où l'on verrait la compétence se déplacer sous l'influence de ces raisons de
convenance et d'attraction qui nous ont déterminé.
Bornons-nous à recueillir une solution notable qui
procède inductivement de l'art. 420 du Code de procédure, comme la nôtre de l'art. 584. La jurisprudence décide que le tribunal de commerce du lieu
de déchargement peut être saisi de toutes les contestations élevées entre le voiturier, l'expéditeur et le
destinataire, à l'occasion de la marchandise voiturée,
sauf la compétence des juges de paix ; — et spécia-
lement, que l'action en dommages-intérêts formée
contre un entrepreneur de roulage, pour cause de
retard dans le transport des objets qui lui ont été
remis, peut être portée par le destinaire devant le
juge de *son propre domicile*. (Orléans, 31 juillet
1844.) Les motifs de cet arrêt sont . « Que la de-
» mande en dommages-intérêts liée à l'action en
» payement du prix , *n'étant que la conséquence et*
» *l'accessoire nécessaire* de l'action en payement du
» prix , elle devait suivre le sort de cette action, et
» être soumise au juge compétent pour statuer sur
» la question de payement du prix. » (V. nouveau
Rép., v° Compét. comm., n°* 468 et 509.) M. Dalloz,
en s'appropriant cette doctrine, la fonde *sur l'esprit
qui a dicté l'art.* 420. Or. faisons-nous autre chose
dans notre interprétation étendue de l'art. 584, que

revendiquer la conséquence directe, soit de l'adhérence de l'accessoire au principal , soit de l'*esprit* inspirateur de cet article ?

Mais il est temps de conclure, et nous ne le ferons pas, dans une question si délicate, sans demander à la doctrine et à la jurisprudence l'appui d'une autorité secourable.

Carré, s'occupant de déterminer, en matière de saisie-immobilière , la compétence du tribunal de la situation des biens, a écrit ce qui suit : « Non-seule- » ment le tribunal que nous venons d'indiquer peut » connaître de tout ce qui est relatif à la poursuite, » mais il peut, en outre, prononcer même sur la va- » lidité d'offres faites par le débiteur à un domicile » situé dans le ressort d'un autre tribunal ; en un » mot, ce tribunal est investi de plein droit de tout » ce qui est relatif *au commandement*, à la conti- » nuation des poursuites, et à tous les incidents qui » peuvent en naître. » (V. Code de la saisie-immobilière par Chauveau , 2198 § V) C'est bien là le principe de dépendance invoqué par nous. — M. Rauter enseigne, dans *son Cours de Procédure civile française* (n° 291), « que l'opposition à une saisie- » exécution doit être formée par assignation au tri- » bunal du lieu de la saisie. » La même opinion est professée par M. Bioche (V° Exécution, n° 119) en ces termes : « Lorsqu'il s'agit de contrats et actes, » le tribunal compétent est celui du lieu où cette » exécution est poursuivie. » — M. Dalloz , adoptant la doctrine de Carré sur le cas de saisie-immobilière, cite, en ce sens, un arrêt de la Cour suprême

du 10 décembre 1807 (ancien Répert., t. X, p. 580),
et un autre de la Cour de Bruxelles du 3 mai 1821.
(*Ibid.*, t. XI, p. 706, n° 28.) Pigeau dit formellement (Comm., t. II, p. 179) que le saisi peut poursuivre la validité des offres par assignation au domicile élu dans le commandement *et devant le juge de
ce domicile*. Enfin, M. Rodière, dont l'ouvrage nous
manque, est indiqué par d'autres auteurs comme
soutenant les mêmes principes (T. 1, p. 195). —
Venons à la jurisprudence. — En ce qui regarde la
saisie-exécution, la Cour de Paris a rendu, le 13
pluviôse an XIII, un remarquable arrêt dont la rubrique est ainsi donnée par Sirey (t. 7, 2, 1191) :
« La loi qui oblige le saisissant à élire domicile dans
» l'exploit de saisie-exécution produit cet effet que
» le saisi peut assigner à ce domicile dans toutes les
» contestations incidentes qui naissent de la pour-
» suite. — Les juges du lieu où se pratique la saisie
» sont compétents pour statuer sur les réclamations
» du saisi. Ce n'est point au juge du domicile du
» *saisissant* que se portent les contestations inciden-
» tes. » (C. de procéd., art. 584 et 608 anal.) —
En suivant l'ordre des temps, nous rencontrons un
arrêt de la Cour de Nîmes du 23 janvier 1827, déjà
cité par nous, pour établir que des offres réelles sont
valablement faites au domicile élu dans un commandement tendant à saisie-immobilière. Après avoir
fixé la portée des art. 673 et 675, la Cour ajoute .
« Considérant que, si des doutes pouvaient s'élever,
» ils devraient être levés, soit par l'art. 584, les
» motifs qui l'ont dicté s'appliquant parfaitement à

» l'espèce, soit par les inconvénients qui résulte-
» raient du système contraire, puisque, si l'acte
» d'offre devait être fait au domicile réel, *la demande*
» *en validité devrait être portée devant le tribunal*
» *de ce domicile*, etc. » C'est évidemment décider
qu'il y a connexité intime entre la détermination du
lieu où peuvent être faites les offres et celle de la
compétence ; d'où il suit que l'art. 584 attribue im-
plicitement juridiction au tribunal du domicile élu
par le poursuivant. — Cette attribution a été, non
plus certainement, mais plus formellement reconnue
par la Cour de Limoges dans son arrêt du 30 janvier
1847, rapporté et critiqué par M. Chauveau (J. des
avoués, 1847, art. 226, p. 484.) — Mais nous avons
hâte d'arriver à deux monuments de jurisprudence
dont l'autorité s'accroît de la déduction lumineuse
de leurs motifs. Le premier en date est un jugement
émané du tribunal de Bordeaux le 3 août 1848. Il
s'agissait de la demande en nullité d'un commandement à toutes fins, fondée sur la *nullité du titre et le*
défaut de qualité du créancier. Le tribunal a ainsi
justifié sa compétence naissant de l'élection faite au
commandement. « Attendu qu'aux termes de l'ar-
» ticle 111 C. civ., l'élection de domicile a pour effet
» nécessaire d'attribuer juridiction au juge du do-
» micile élu ; que c'est précisément pour cela, et
» pour que le tribunal du lieu pût connaître sans
» retard du mérite et de la validité des poursuites,
» que le créancier qui veut poursuivre a été contraint
» par la loi à faire cette élection de domicile ; que
» cette demande en nullité de commandement est

» donc essentiellement de la compétence du tribunal
» de ce domicile ; que cette nullité peut provenir de
» diverses causes, par exemple de ce que le titre se-
» rait nul ou éteint, de ce qu'il ne serait pas la pro-
» priété de celui qui veut s'en servir, de ce qu'il y
» aurait des vices de forme dans la procédure, etc.;
» attendu que, si l'on admettait le système du sieur
» Villers, il faudrait décider que la demande en nul-
» lité du commandement devrait être portée devant
» tel ou tel tribunal, d'après la cause sur laquelle
» serait fondée la demande en nullité, mais que
» c'est là une distinction tout à fait arbitraire, que
» la loi n'a pas faite, qu'elle ne devait pas faire,
» parce qu'elle aurait été tout à fait contraire à son
» esprit qui a été de donner au débiteur poursuivi
» et au créancier lui-même le tribunal du lieu pour
» juger, sans distinction, de toutes les difficultés
» relatives à l'exécution, etc. » (V. Journal des
avoués, novemb. 1850, art. 977, p. 608.) Cette libérale doctrine a été consacrée plus puissamment
encore, le 25 janvier 1849, par la Cour d'Orléans,
à propos d'un commandement tendant à saisie exécution. On remarquera dans ce dernier arrêt un très-
habile assemblage des précédents juridiques et des
raisons intrinsèques qui doivent, suivant nous, déterminer la solution du problême. Voici les principaux motifs : « Attendu que l'art. 584 a évidemment
» voulu, non-seulement que le saisi pût, par un
» payement ou un appel fait à ce domicile, arrêter
» les poursuites dirigées contre lui, mais encore que
» le juge du lieu de l'exécution connût de toutes les

» contestations par lesquelles le saisi prétendrait
» faire tomber la saisie ; — Considérant que, s'il en
» était autrement , le saisi , en cas de seconde saisie
» avec recollement et d'opposition , pourrait être
» obligé , pour obtenir la disposition de son mobi-
» lier , d'aller plaider devant autant de tribunaux
» différents qu'il y aurait de saisissants et d'oppo-
» sants , et de rester ainsi , pendant un long temps,
» sous le coup d'une mesure rigoureuse, tandis que,
» lors d'une simple saisie-arrêt, la loi lui accorde la
» faveur de plaider devant les juges de son domicile
» (art. 567) ; que d'ailleurs cette nécessité de saisir
» divers tribunaux de questions souvent identiques
» pourrait donner lieu à des décisions contradic-
» toires , ce que le législateur cherche toujours à
» éviter ; — Considérant que l'ordon. de 1667 con-
» tenait, dans l'art. 1 du titre 33 , une disposition
» imposant obligation au saisissant d'élire domicile
» dans la commune où avait lieu l'exécution ; que
» cet article n'indiquait aucun des actes qu'il était
» permis de faire à ce domicile ; que cependant il
» *n'était douteux pour personne* alors que cette
» élection de domicile ne fût attributive de juridic-
» tion ;.... Que si la rédaction de l'art. 584 spécifie
» qu'on pourra faire au domicile élu toutes signifi-
» cations, offres réelles et appels , le but du législa-
» teur nouveau n'a point été de *restreindre* les effets
» de l'élection de domicile, mais seulement de faire
» disparaître les doutes qui s'élevaient sous l'an-
» cienne jurisprudence sur la question de savoir si
» des offres réelles et des appels pouvaient être faits

» valablement au domicile élu ; considérant enfin
» que, dans le système contraire, pour que le saisi
» pût conserver le juge de son domicile, il faudrait
» qu'il se bornât à former opposition, sans assigna-
» tion, le saisissant étant alors obligé de l'assigner
» en main-levée, mais que cette procédure laisserait
» le saisi sous le coup d'une mesure rigoureuse, tant
» qu'il plairait à son créancier, etc. » (V. Journal
des avoués, septembre et octobre 1849, art. 765,
p. 553, et Journal du Palais, 1849, t. 1, p. 163, où
la décision est approuvée.) Plus cette décision nous
paraît importante et plausible, plus nous regrettons
qu'elle n'ait pas obtenu le grave suffrage de M. Chauveau. Le savant professeur n'a pas cru devoir abandonner la distinction qu'il avait plusieurs fois établie
entre la signification des offres au domicile élu et la
dévolution de la demande en validité au tribunal de
ce domicile. (V. notamment janvier 1848, p. 59.)
S'il admet la première hors des termes étroits de
l'art. 584, il repousse la seconde comme faisant violence aux règles générales de la procédure. Cependant M. Chauveau ne refuse pas toute compétence
aux juges du lieu d'élection, et l'on trouve à ce sujet
dans les observations que lui a suggérées l'arrêt
d'Orléans, une théorie dont il avait déposé le germe
dans d'autres observations relatives à un jugement
du tribunal de Briançon du 25 nov. 1846. (V. J. des
av., mai 1847, p. 115.) Suivant cette théorie, le tribunal du domicile élu serait compétent seulement
pour *annuler des poursuites faites sans titre ou au
mépris des dispositions réglementaires du Code.*

Quant à cette dernière attribution, elle était d'avance hors de tout débat sérieux (V. *suprà*) ; mais est-ce assez que d'y ajouter la connaissance des oppositions fondées sur le manque de titre ? Un cas si exorbitant mérite-t-il même qu'on s'en préoccupe ? Il est vrai que M. Chauveau paraît, dans la suite de ses réflexions, étendre l'idée d'existence du titre aux conditions extrinsèques de validité, et écarter seulement comme y étant étrangères les questions de dol, fraude, lésion, etc. ; mais *quid juris* à l'égard de la prescription par exemple ? Un titre prescrit est-il encore un titre ? Et d'ailleurs, où est dans la loi le fondement de cette classification didactique ? L'habile contradicteur de l'arrêt d'Orléans argumente encore de l'art. 59 du Code de procédure et de l'absence de toute reconvention véritable dans l'espèce. Nous renvoyons sur ce point à notre explication précédente de la distribution réelle des rôles de demandeur et défendeur opérée par la nature même des choses entre le poursuivant et l'opposant.

Le jugement précité du tribunal de Bordeaux a également essuyé, dans le *Journal des avoués* (loc. cit.), une contradiction moins redoutable il est vrai que celle du rédacteur de cet excellent recueil. L'auteur de la critique n'a guères fait autre chose que pousser jusqu'à leur plus extrême limite les conséquences possibles de l'attribution des incidents de poursuite au tribunal du domicile élu ; mais ce mode de raisonnement (*per absurdum*) a beaucoup moins de valeur dans les sciences morales qu'en mathématiques, et il n'y a pas de loi dont on ne puisse faire ainsi la satire en la pressant à outrance. Ce qui nous a surtout frappé dans la notice en question , c'est l'impuissance où s'est trouvé M. Brive-Cazes de répondre à la suprême objection qui se dressait devant lui dans l'art. 554. Il la tourne, mais n'y répond pas. Comment, d'ailleurs, y répondre ? Cet art. 554, dont nous nous sommes attaché , au début de ce travail, à manifester le sens, ne proclame-t-il pas que la connaissance du *fond des difficultés élevées sur l'exécution des jugements ou actes* appartient au *tribunal d'exécution*, sauf l'appréciation provisoire des juges du lieu ? Or, ce tribunal d'exécution ne serait-il donc autre que celui du *poursuivant?* C'est au contraire, en principe, celui du *poursuivi* (V. *supra*). Ainsi viennent aboutir, pour y trouver leur sanction défi - nitive, à un texte aussi fécond qu'il est court , les longs développements de notre opinion. Mais cette intime harmonie des art. 554 et 584 , entendus comme on vient de le voir, a besoin d'être éclairée de quelques nouvelles lumières. Nous aurons donc à rechercher les rapports de coïncidence ou de diversité qui confondent ou séparent, suivant les circonstances, le *tribunal d'exécution* des jugements ou des actes, et le tribunal du *domicile élu* par le poursuivant.

1° S'agit-il de l'exécution d'un jugement ? Il faut faire alors la part du grand principe d'*interprétation* et de *manutention* exclusives que nous avons posé dans nos prolégomènes. Ainsi, par exemple, avonsnous dit, il appartiendra au tribunal qui a prononcé la condamnation d'apprécier si les offres sont ou non satisfactoires , sauf l'attribution *provisoire* faite au juge du lieu par l'art. 554. Qu'il nous suffise ici de renvoyer aux monuments de jurisprudence indiqués plus haut, en y ajoutant toutefois un remarquable jugement du tribunal de Laon rendu le 5 novembre 1839, et rapporté dans le nouveau Répertoire de Dalloz (V° Compét. commerciale, n° 401.) — De la restriction importante qui vient d'être signalée, il faut conclure que le tribunal d'exécution de la sentence en vertu de laquelle on procède, ne coïncidera pas toujours avec le tribunal du domicile élu par le poursuivant, et cela pour deux raisons : la première, que la condamnation peut émaner d'un tribunal dont la partie condamnée n'était pas directement justiciable à raison de son domicile *réel*, cas où l'élection obligée du domicile à fin de poursuites tombera presque toujours dans un autre arrondissement judiciaire; la seconde, que la décision rendue par les juges naturels du condamné peut être l'objet d'une exécution forcée suivie loin du domicile de cette partie ; point de vue qui va se reproduire dans l'alinéa suivant. •

2° En matière d'actes, il y aura plus souvent coïncidence du *tribunal d'exécution* et de celui du domicile élu par le poursuivant, puisque le premier n'est autre, en général, que celui du domicile réel de l'obligé, c'est-à-dire du lieu où les *biens* à saisir ont ordinairement leur assiette. Toutefois, il y a nécessité de régler les situations exceptionnelles que la loi elle-même a prévues (V. art. 586 et 602 préc.) à propos de la saisie-mobilière, et qui peuvent également se rencontrer dans l'hypothèse de la saisie-brandon ou d'un commandement tendant à saisie des immeubles (*secus* au cas de saisie-immobilière effectuée. V. *suprà*, § 1.) Pour plus de clarté, prenons une espèce : — Paul a son domicile à Riom, et possède à Aurillac un grenier garni de grains. Pierre, agissant en vertu d'un titre exécutoire, jette une saisie sur ces grains. Paul élève une opposition basée sur moyen de *fond* e. g. l'absence de liquidité ou d'exigibilité de la dette. Où sera portée cette opposition ? Sera-ce au tribunal d'exécution. c'est-à-dire à Riom ? Sera-ce au tribunal du domicile élu conformément à l'art. 584, c'est-à-dire à Aurillac ? Les raisons de droit et de convenance qui ont inspiré, entre autres décisons, le jugement du tribunal de Bordeaux et l'arrêt de la Cour d'Orléans reproduits plus haut, semblent commander l'attribution aux juges du lieu des poursuites. Mais avec ces raisons, qui n'ont toute leur force qu'au cas où ce dernier lieu est le siége du domicile de la partie poursuivie, il faut combiner la disposition impérative de l'art. 554, qui défère au *tribunal d'exécution* la *connaissance du fond*. Or, ce tribunal est, dans notre espèce, celui de Riom et non pas d'Aurillac. Il y a donc ici en présence deux règles d'attribution juridictionnelle. Laquelle devra l'emporter ? — Une option avouée par les principes nous paraît propre à tout concilier Il dépendra, nous le croyons, de la partie poursuivie de déférer son opposition soit au tribunal du lieu de saisie, soit à celui d'*exécution*. Une telle alternative n'a rien d'insolite en droit, car nous la voyons consacrée par l'art. 59 du Code de procédure dans trois situations différentes, et cette analogie nous est d'autant mieux acquise que les compétences dont nous nous occupons existent l'une et l'autre *ratione personœ* seulement, à savoir : la première, en vertu de l'art. 111 du Code civil entendu *lato sensu;* la seconde, en vertu de l'art. 59. C. p., littéralement appliqué. Cela posé, la logique légale ne conduit-elle pas forcément à l'option dont il s'agit? Le saisi a tout d'abord le droit que nous nous sommes efforcé d'établir, d'invoquer les effets de l'élection de domicile imposée au poursuivant par la loi. Mais cette faculté n'est précieuse pour lui qu'au cas où la poursuite est venue le frapper dans le lieu de son domicile. Aussi, voyons-nous l'arrêt d'Orléans, préoccupé de ce cas dominant, ne chercher autre chose dans les conséquences juridiques de l'élection prescrite par l'art. 584 qu'un moyen de *conserver au saisi le juge de son domicile.* Que s'il en est autrement, c'est-à-dire si l'exécution doit s'opérer *hors* de son domicile réel, de telle façon que ce domicile ne se confonde plus (quant à l'attribution de compétence) avec le domicile élu dans le commandement, l'exécuté aura le plus souvent intérêt à revendiquer l'application de l'art. 554 qui le met sous la protection immédiate des juges appelés par les règles générales de compétence à connaître de l'*exécution* de l'acte. Mais ce n'est pas à dire qu'il ne puisse, si tel est son vœu, se prévaloir de ce quasi-contrat juridictionnel qui, suivant l'arrêt précité de la Cour d'Amiens notamment, résulte de l'élection faite au commandement. Alors, il est vrai, l'art. 554 demeurera frappé d'inertie. Mais qui donc pourrait s'en plaindre? Le poursuivant a-t-il été l'objet de la sollicitude du législateur édictant cet article? N'est-il pas manifeste, au contraire, que tout ici se rapporte aux intérêts du saisi, véritable défendeur, et qu'il appartient par conséquent à celui-ci de choisir entre les deux juridictions qui lui sont offertes? Cette option est, en réalité, la contre-partie de celle que le dernier alinéa de l'art. 59 défère au *demandeur*.

Nous nous hâtons d'arriver à une autre question délicate aussi, dont l'indication s'est, à diverses reprises, rencontrée sous notre plume. Nous voulons parler du conflit qui peut naître entre une élection *conventionnelle* de domicile, et l'élection *forcée* que renferme le commandement. La partie poursuivie jouira-t-elle, dans ce cas, de la faculté d'option que nous lui avons précédemment reconnue? ou bien l'une des deux élections devra-t-elle prévaloir sur l'autre? — Un nouveau principe apparaît ici, à savoir l'autorité du pacte sanctionné par les art. 111 du Code civil et 59 du Code de procédure, qui investissent le créancier du droit de choisir entre deux juridictions. Deux *tribunaux d'exécution* sont donc en présence : le premier, déterminé par la loi générale ; le second, par l'élection conventionnelle. Résultera-t-il de cette élection que celle qui a été faite au commandement doive perdre ses effets ordinaires? Nous ne saurions le penser ; car la position respective des parties n'a pas changé, et tous les motifs qui nous ont déterminé plus haut conservent leur empire. Peu importe que le créancier poursuivant ait stipulé la faculté d'*agir en justice* devant un tribunal qui n'est pas

celui du débiteur. Il jouira de cette faculté sans conteste pour tout ce qui tend à la *sanction judiciaire* du
titre. Mais s'il vient à user d'une voie d'exécution
forcée, la stipulation n'empêchera pas que la procédure coactive ne soit transportée au lieu où sont les
biens saisis, avec tous les incidents litigieux qui
peuvent en naitre, et que l'élection forcée d'un nouveau domicile à fin d'exécution ne remplace alors
celle qui avait été convenue en vue d'un ordre de
faits tout différent. Cette distinction capitale a été
consacrée, le 10 avril 1824, par un remarquable jugement du tribunal de Vienne que la Cour de Grenoble a confirmé le 3 février 1825. En voici les
principaux motifs : « Attendu que le sieur Trembley
» ayant fait un commandement et une saisie mobi-
» lière avec élection de domicile à Vienne, a, par
» cela même, saisi le tribunal de la contestation et
» de toutes les exceptions et demandes incidentes
» qui y sont accessoires (arg. des art. 583, 584,
» 606 et 608 du C. de procéd.); que l'élection de
» domicile à Lyon, en la *supposant obligatoire* (1),
» n'eût été attributive de juridiction qu'autant que
» la femme Avignon aurait agi comme *demanderesse*
» principale, ce qui ne se rencontre pas dans l'es-
» pèce, puisqu'au contraire elle est *défenderesse* par
» voie d'exception; que, pour démontrer la nullité
» de la saisie, elle doit préjudiciellement démontrer
» celle de l'acte qui en est la base, etc. » On trouvera très-clairement résumés dans le t. 33 du Jour-

______

(1) Car l'art. 111 n'y attache qu'une simple *faculté*.

nal du palais (pag. 512 et suiv.) les moyens respec-
tivement présentés en appel. — Nous devons indiquer en sens contraire un arrêt de la Cour de Paris
du 6 janvier 1825 (D. P. 31, 2, 180) dont MM. Dål-
loz ont erronément formulé la rubrique en faveur
de la partie opposante.

Une question plus épineuse s'élève quand il s'agit
d'apprécier si, nonobstant l'indication contractuelle
d'un *lieu de paiement*, des offres peuvent être faites
et suivies d'une consignation libératoire au domicile
élu par le commandement. Un moyen terme a été
adopté, le 10 avril 1813, par un arrêt de la Cour de
Paris que la Cour de cassation a maintenu le 28 avril
1814. Comme le fait remarquer M. Dalloz (Répert.,
t. X, pag. 579, n° 2.), les commentateurs se sont,
en général, bornés à *rapporter cette décision sans la
critiquer*. Est-ce à dire pourtant qu'elle soit d'une
justesse indubitable ? Suivant les deux Cours, les offres réelles peuvent être faites au domicile élu dans
le commandement, *pour arrêter les poursuites, mais
elles doivent être réalisées au lieu déterminé par la
convention*. C'est ainsi que l'on entend concilier les
art. 584 du Code de procédure et 1258 6° du Code
civil. L'expédient est-il heureux ? Bien plus, est-il
admissible ? Si nous considérons l'ordonnance générale de la procédure d'offres, nous reconnaîtrons nécessairement que la présentation des espèces au créancier, et la consignation après le refus de celui-ci,
sont deux faits consécutifs qui peuvent et doivent
s'opérer dans le même lieu. Cette induction résulte
également de l'ordonnance du 3 juillet 1816, dont

l'art. 5 prescrit à l'huissier de faire la consignation *dans les 24 heures du refus*, s'il n'en est dispensé par un *ordre écrit* du débiteur. Aussi M. Carré dit-il (sous l'art. 815 Pr. civ.) : « Il n'est pas douteux que la » consignation doit être effectuée dans le bureau du » lieu où les offres ont été faites, etc. » On peut invoquer dans le même sens les motifs précédemment reproduits de l'arrêt de la Cour de Nîmes du 23 janvier 1827. Mais, oppose-t-on, que deviendra la *convention* relative au lieu de paiement ? Le droit romain la sanctionnait rigoureusement dans la loi 9 Dig. *De eo quodcerto loco*. Est-elle donc moins inviolable en Droit français ? — L'objection n'est assurément pas sans force ; toutefois, elle nous semble écartée, soit par cette même économie de la loi dont nous parlions tout-à-l'heure, soit par l'esprit secourable de l'art. 584. Nos contradicteurs admettent que des offres, non pas seulement *labiales,* mais *réelles,* pourront être faites conformément à cet article. Or, l'idée d'une offre *légale* implique évidemment la *possibilité d'une acceptation* non moins légale au point de vue de l'intérêt du créancier. Comment imaginer, en effet, que, dans la pensée de la loi, une exhibition d'espèces *offertes* doive jamais s'effectuer à titre de vain simulacre, uniquement pour annoncer la consignation ultérieure au lieu de paiement ? Des offres labiales auraient tout autant valu pour une telle fin. La loi suppose donc virtuellement que le créancier peut accepter sans se dépouiller lui-même. Et s'il accepte, l'indication du lieu de paiement n'est-elle pas effacée par l'application directe de l'art. 584 ? Le procès-

verbal d'offres ne porte-t-il pas alors *quittance?* (V.
Pigeau, Pr. civ., p. 526, t. 2) — Enfin, peut-on
méconnaître que la loi ait voulu, par un tempérament
du droit strict, assurer au débiteur placé sous le coup
d'une saisie le bénéfice d'une libération prompte qui
l'affranchira de tous frais ultérieurs? Et faudra-t-il
qu'après avoir offert au domicile élu dans le commandement, ce débiteur ait à faire consigner à cent lieues
de là ? « La consignation seule (disait-on à l'appui
» du pourvoi contre l'arrêt de 1813) peut arrêter des
» poursuites. On doit donc être admis à la faire sans
». retard. On n'est donc pas obligé de l'effectuer dans
» un lieu autre que celui du domicile d'élection. S'il
» fallait se rendre à l'endroit déterminé par la con-
» vention, et qui peut être fort éloigné, le débiteur
» se trouverait souvent exproprié avant d'avoir pu
» réaliser ses offres, et les intentions bienveillantes
» du législateur seraient méconnues. » (V. dans le
même sens Delvincourt, t. 2, note 3, sur la page
164.) — Une seule instance est possible encore, c'est
que le paiement fait dans tel lieu n'équivaut pas toujours au paiement fait dans tel autre, et qu'il y aura
dommage pour le créancier. On pourrait répondre
qu'il y a réciprocité de chances à cet égard, et qu'ainsi
le débiteur dont la dette est en principe *quérable* n'en
est pas moins tenu, dans les cas ordinaires, d'offrir
au *domicile* de son créancier. Mais n'y a-t-il pas un
moyen très-simple de faire exécuter la convention
par *équivalent?* La loi romaine nous le montre en
pratique dans le mécanisme de l'action *de eo quodcerto loco* (V. M. Ortolan, Instit., t. 2, pag. 544.)

Le Code civil nous en donne aussi l'exemple dans l'art. 1296 relatif à la compensation de deux dettes *qui ne sont pas payables au même lieu.* On fait alors raison *des frais de la remise.* Le même expédient réparateur ne peut-il pas être employé dans le cas qui nous occupe par une offre complémentaire *des frais de remise?* Le respect de la foi promise ne s'élèvera plus alors comme un obstacle moral à l'exacte application de la loi.

Les raisons qui viennent d'être développées nous paraissent entraîner la solution d'un autre point de droit voisin du précédent, et qui peut, à ce titre, trouver place dans notre travail, bien qu'il n'y rentre pas directement. *Quid juris,* si des offres réelles ont été faites à la *personne* du créancier trouvé, par hasard, hors de son domicile en un lieu quelconque? La question de validité pourra-t-elle être soumise aux juges de ce lieu? Reproduisons, à ce propos, dans son entier, le passage de M. Carré dont nous avons seulement cité quelques lignes plus haut (Com. de l'art. 815.) Après avoir donné les termes de l'art. 1258 6° du Code civil, qui autorise la signification des offres à la *personne* du créancier, le savant jurisconsulte ajoute : « Il n'est pas douteux que la *con-* » *signation* doit être effectuée dans le bureau du lieu » où les offres ont été faites, et, *par conséquent,* la » demande en validité ou invalidité, soit des offres, » soit de la consignation, est de la compétence du » tribunal dans l'arrondissement duquel *les offres* » *ont été signifiées* » M. Carré invoque dans ce sens *le Praticien* (t. V, pag. 67), et les *Questions de Le-*

page (p. 466.) Toutefois, on a vu plus haut qu'il faisait fléchir cette règle en matière de saisie-immobi-
ière seulement (2198 § V), à raison de l'attraction
lterritoriale. (V. aussi l'arrêt de la Cour de cassation
du 10 décembre 1807. [Dall., Répert., t. X, p. 580].)
C'est donc à dire que les *offres réelles*, la *consignation
des espèces* refusées, et les *demandes* qui naissent de
ces deux faits, sont intimement liées par la condition
commune de leur accomplissement dans un même
lieu qui est celui où le créancier a été mis en de-
meure de recevoir son dû.

La solution est générale puisqu'elle repose sur la
cohérence mutuelle de ces trois actes ; où donc serait la raison de rompre leur étroit enchaînement,
quand il s'agit d'offres signifiées au créancier ren-
contré hors de son domicile ? Pourquoi disséminer
en divers lieux une opération civile qu'un fait for-
tuit, il est vrai, mais dominant, a naturellement
fixée dans un seul ? Cette déduction si rationnelle
n'a cependant pas trouvé grâce devant une timide
interprétation de la loi qui substitue trop souvent un
formalisme tyrannique aux vues d'ensemble. (V. MM.
Tomiues-Desmasures III, p. 408, — et Bioche,
v° Offres, n° 62.) Le premier de ces commentateurs
a embrassé un bizarre système qui consiste à décider
que, dans l'espèce en question, la consignation devra se faire au domicile du *débiteur suivant l'article 1247 du Code civil*, et que, d'une autre part,
il faudra porter la demande en validité au tribunal
du domicile du créancier, conformément à l'art. 59
du C. de procéd. Sur ce dernier point, M. Tomin e

s'inspire, au reste, d'une doctrine absolue, déjà enseignée à la page précédente de son ouvrage, et justement combattue par M. Chauveau sous l'arti- -cle 815 pr. civ. Puisque cet article s'est présenté sous notre plume, nous saisirons l'occasion de faire remarquer que ces mots : *Sera formée d'après les règles établies pour les demandes principales*, ne viennent nullement en aide ici à la maxime générale : *Actor sequitur forum rei*; car Pigeau nous apprend que l'art. 815 portait d'abord cette énonciation : *Dans les formes prescrites par les demandes-principales*; rédaction dont rien n'indique qu'on ait voulu changer la portée par la seconde, qui n'aurait trait ainsi qu'à la *forme* et aucunement à la compétence.

Nous croyons avoir parcouru le cercle des difficultés sérieuses de la matière, et nous pourrions borner là notre tâche. Toutefois, notre travail serait incomplet, si nous ne présentions un rapide aperçu des questions qui se rattachent à quelques voies secondaires d'exécution forcée, et à la plus grave de toutes, la contrainte par corps.

§ V. — Voies secondaires d'exécution forcée.

Nous comprenons sous cette dénomination la saisie-gagerie, la saisie-foraine et la saisie-revendication, qui ne sont, à vrai dire, que des variétés de la saisie-exécution dans leurs formes. (V. art. 821, 825 et 830 du C. de procéd.) Elles se distinguent de cette dernière en ce qu'elles peuvent s'opérer sans commandement préalable, et doivent êtres validées pour produire leur effet définitif. Il y avait donc à se demander, pour chacune de ces voies d'exécution, où doivent être portées les actions en validité et en nullité qui s'y rapportent. — Ces questions ne semblaient pas de nature à diviser les interprètes. — D'une part, en effet, l'art. 825 déclarant applicable à la saisie-gagerie et à la saisie-foraine *les règles ci-devant prescrites par la saisie-exécution, la vente et la distribution des deniers*, ces deux procédures tombent naturellement sous l'empire du principe d'attribution aux juges du lieu sanctionné par les art. 606, 608 et 610 (V. *suprà*).

Comment imaginer, d'ailleurs, que celui qui a fait saisir les effets d'un débiteur forain soit tenu d'aller porter son action en validité devant le juge du domicile, peut-être très-éloigné, de ce débiteur ? Ne serait-ce pas attacher à la main-mise, autorisée par la loi, une condition qui la rendrait souvent plus onéreuse qu'utile et en interdirait l'usage ? Il est évident qu'en pareil cas le *fait matériel* de l'existence des objets saisis dans tel lieu y attire irrésistiblement tous les *actes* juridiques nécessités par la saisie. On a donc lieu de s'étonner qu'une décision si hautement commandée par la nature même des choses n'ait pas obtenu le suffrage du judicieux Pigeau. Se préoccupant uniquement de la maxime *Actor sequetur forum rei*, et puisant dans l'art. 567 une analogie trompeuse, ce commentateur estime que la demande en validité *doit être portée devant le tribunal du domicile du saisi, même dans le cas où ce tribunal serait différent de celui du lieu où la saisie est faite*.

(V. Procéd civile, t. II, pag 546.) Cette opinion n'a pas trouvé d'écho dans la doctrine. (V. M. Chauveau sur Carré, art. 824, pour l'indication des autorités contraires.) Le doute est d'autant moins possible aujourd'hui, en ce qui regarde du moins la saisie-gagerie, que les art. 3 et 10 de la loi du 25 mai 1838 en défèrent expressément la connaissance au juge de paix du lieu où elle a été pratiquée.

Quant à la saisie-revendication, Pigeau s'est également mépris, à notre sens, dans l'interprétation de ces mots de l'art. 831 : *Le tribunal du domicile de celui sur qui elle est faite.* (V. Comm., t. II, page 516.) Suivant lui, cette énonciation désigne le tribunal de celui que frappe directement la saisie comme premier débiteur de la chose ; d'où il suit que la demande en validité devra toujours être soumise au tribunal du domicile de cette personne (Arg. de l'art. 567) ; sauf au détenteur tiers-saisi d'invoquer l'art. 570, si quelque contestation l'atteignait lui-même. C'est là, ce nous semble, une assimilation fautive de la saisie-revendication à la saisie-arrêt Il faut laisser à chaque voie d'exécution ses règles propres. Or, d'une part, l'art 831 est éclairé dans sa partie obscure par le rapprochement de l'art. 829 spécificatif de celui *chez lequel sont les effets* : d'une autre part, le premier de ces deux articles, entendu de la juridiction du *lieu de la saisie*, est en harmonie parfaite avec l'art. 608 (V. M. Chauveau sur l'art. 831, et un arrêt très-explicite de la Cour de Nancy du 18 janvier 1833 [D. p. 1834, 2, 118].) Nous ne saurions dissimuler toutefois ce qu'il y a d'au moins spécieux dans une troisième opinion, qui est celle de Locré (Esp. du C. de procéd.), Carré (Art. 831), et Berriat-St-Prix (t. II, pag. 650, note 2). Ce dernier auteur la formule en ces termes : « La demande en » validité se porte au juge du détenteur ; mais c'est » du détenteur seulement qui *prétend* avoir un droit » sur les effets , et qui peut n'être pas le même que » le détenteur *réel.* » Carré dit avec plus de clarté : » Ces mots (de celui sur qui elle est faite) s'expli- » quent par ceux de l'art. 830 : *Celui chez qui elle* » *est faite ,* et ils indiquent conséquemment le dé- » tenteur débiteur actuel de la chose , *s'il prétend y* » *avoir droit ;* mais, dans le cas contraire , la de- » mande en validité ne doit être faite que contre ce- » lui qui prétendrait à ce droit , et qui conséquem- » ment serait assigné devant le juge de son domicile » et non devant celui du débiteur. » Cette doctrine, judicieuse en elle-même, a le double tort, à nos yeux, de ne pas s'harmoniser avec le système général de la loi , et surtout de donner ouverture à beaucoup d'embarras d'application. Il est donc plus sûr et plus simple de s'en tenir à l'interprétation adoptée par M. Chauveau et la Cour de Nancy.

Nous avons à peine besoin de répéter ici que les prérogatives du juge dont la décision serait engagée dans les incidents d'opposition, doivent toujours être réservées.

§ VI. — Contrainte par corps.

L'intérêt de ce dernier objet de notre examen est en grande partie épuisé d'avance par ce que nous avons dit, dans les prolégomènes de cet écrit, sur l'interprétation des art. 780 et 794, dont le rapprochement et les termes nous ont paru pleins de lumière. Nous n'avons donc plus ici qu'à coordonner les notions fondamentales qui se dégagent de l'ensemble des dispositions du titre XV.

Deux compétences et trois situations sont à distinguer. La compétence appartient, soit au *tribunal du lieu où le débiteur est détenu*, soit au *tribunal d'exécution*. Il y a ouverture à la première, 1° quand il s'agit d'un vice de forme dans l'exercice de la contrainte (art. 794) ; 2° quand il est question d'une demande en *élargissement* (art 800 et 805), laquelle, dit M. Chauveau (sur l'art. 805), « suppose la validité du jugement de condamnation et la légalité » de l'exercice de la contrainte, » et naît d'un fait libératoire *postérieur* à l'incarcération. — Quant au tribunal d'exécution, nous avons suffisamment expliqué les motifs et l'étendue de l'attribution qui lui est faite. — Dans tous ces cas divers, une même faculté est conférée, par les art. 795 et 805, à la personne emprisonnée : celle de former *sa demande à bref délai en vertu de permission de juge*, et d'assigner l'incarcérateur au *domicile élu par l'écrou*. On a même induit de l'intention tutélaire de la loi qu'il n'y avait pas à tenir compte de la *distance* du domicile *réel* de l'assigné. Aux moyens préservatifs qui viennent d'être énumérés; il faut ajouter encore la connaissance *provisoire* des difficultés de *fond* déférée par l'art. 554 aux juges du lieu, et la voie du déféré (art. 786 et 787) qui peut donner un égal et prompt accès à tous les moyens de forme et même de fond. (V. Chauveau sur Carré, art. 806.)

Nous finirons en détachant du cadre de cette matière, si fertile en difficultés graves, deux particularités qui touchent directement notre sujet :

1° Il peut arriver, dans le cas régi par l'art. 802, que le créancier soit mis en cause sur l'assignation donnée au geôlier, soit par celui-ci qui craindrait d'engager sa responsabilité, soit en vertu de l'ordonnance du juge statuant sur la requête tendante à bref délai. Pigeau (Comm., t. II, pag. 488) fait remarquer judicieusement que, dans cette conjoncture exceptionnelle, le créancier mis en cause ne pourrait demander le renvoi devant le tribunal d'exécution, malgré l'autorité de l'art. 794, lequel a uniquement trait aux *nullités* d'emprisonnement, et rencontre d'ailleurs une dérogation expresse dans l'art. 802, dont l'objet est d'assurer le prompt élargissement du débiteur libéré déjà par la consignation.

2° On s'est demandé quelle est la juridiction compétente pour statuer sur une demande en nullité *du fond* d'une incarcération opérée en vertu d'un arrêt *infirmatif* du jugement qui l'avait refusée alors, en outre que la Cour d'appel s'est *réservé* l'exécution conformément à l'art. 472 Sera-ce cette même Cour qui devra connaître de la demande en nullité par application de l'art. 794 ? ou bien sera-ce le tribunal considéré comme investi d'une attribution exclusive par la disposition finale de l'art. 472 ? Nous nous contenterons de dire que la compétence de la Cour nous paraît indubitable, renvoyant pour les développements de notre opinion à une note précieuse de M Chauveau (n° 2708). — De cette question, on peut rapprocher avec intérêt celle de savoir si un référé devant la Cour d'appel est admissible quand il s'agit de l'exécution d'un arrêt de cette Cour. (V. *Ibid.*, n° 2764.)

RIOM. — Imp. de E. Laboyea.

9 782014 040210